编 委

郝文杰	全国民航职业教育教学指导委员会副秘书长、中国民航管理干部学院副教授
江丽容	全国民航职业教育教学指导委员会委员、国际金钥匙学院福州分院院长
林增学	桂林旅游学院旅游学院党委书记
丁永玲	武汉商学院旅游管理学院教授
史金鑫	中国民航大学乘务学院民航空保系主任
刘元超	西南航空职业技术学院空保学院院长
杨文立	上海民航职业技术学院安全员培训中心主任
范月圆	江苏航空职业技术学院航空飞行学院副院长
定 琦	郑州旅游职业学院现代服务学院副院长
黄 华	浙江育英职业技术学院航空学院副院长
王姣蓉	武汉商贸职业学院现代管理技术学院院长
毛颖善	珠海城市职业技术学院旅游管理学院副院长
黄华勇	毕节职业技术学院航空学院副院长
魏 日	江苏旅游职业学院旅游学院副院长
吴 云	上海旅游高等专科学校外语学院院长
穆广宇	三亚航空旅游职业学院民航空保系主任
田 文	中国民航大学乘务学院民航空保系讲师
汤 黎	武汉职业技术学院旅游与航空服务学院副教授
江 群	武汉职业技术学院旅游与航空服务学院副教授
汪迎春	浙江育英职业技术学院航空学院副教授
段莎琪	张家界航空工业职业技术学院副教授
王勤勤	江苏航空职业技术学院航空飞行学院副教授
覃玲媛	广西蓝天航空职业学院航空管理系主任
付 翠	河北工业职业技术大学空乘系主任
李 岳	青岛黄海学院空乘系主任
王观军	福州职业技术学院空乘系主任
王海燕	新疆职业大学空中乘务系主任
谷建云	湖南女子学院管理学院副教授
牛晓斐	湖南女子学院管理学院讲师

高等职业学校"十四五"规划民航服务类系列教材

空乘面试技巧实务

主　编◎徐雯雯　谭　冰
副主编◎岳　亮　刘　英　刘　珊
参　编◎石　竹　陈雪珩　朱苗苗　邓　洋　卢玉婷

华中科技大学出版社
http://press.hust.edu.cn
中国·武汉

内 容 提 要

本书根据不同航空公司的特色,针对性地提出面试的应对技巧以及日常训练方法,塑造学生空乘职业化形象,提升学生在空乘岗位面试环节中的中英文表达能力,培养面试礼仪等。本书内容分为三篇十个项目:空乘岗位面试之基础能力培养篇(空乘职业形象塑造、空乘面试礼仪、空乘面试技巧、国内航空公司空乘岗位招聘英语测试部分详解)、空乘岗位面试之国内航空公司篇(中国三大航空公司空乘岗位面试详解、国内中型航空公司空乘岗位面试详解、国内小型航空公司空乘岗位面试详解)、空乘岗位面试之国外航空公司篇(中东系航空公司空乘岗位面试详解、日韩系航空公司空乘岗位面试详解、欧美系、大西洋航空公司空乘岗位面试详解)。本书创新性地增加了面试流程实训,进一步培养学生的团队合作能力、服务意识、安全意识、应变能力、心理素质等乘务员必须具备的素养与能力。

本书的适用对象既包括航空服务相关专业的本科、专科学生,也包括有意愿面试国内外航空公司空乘岗位的广大青年。

图书在版编目(CIP)数据

空乘面试技巧实务 / 徐雯雯,谭冰主编. — 武汉:华中科技大学出版社,2024.6(2025.5重印).
ISBN 978-7-5772-0933-3

Ⅰ. F560.9

中国国家版本馆CIP数据核字第2024CL4562号

空乘面试技巧实务　　　　　　　　　　　　　　　　　　　　　徐雯雯　谭　冰　主编
Kongcheng Mianshi Jiqiao Shiwu

策划编辑:	胡弘扬
责任编辑:	刘　烨　聂筱琴
封面设计:	廖亚萍
责任校对:	刘小雨
责任监印:	周治超
出版发行:	华中科技大学出版社(中国•武汉)　　电话:(027)81321913
	武汉市东湖新技术开发区华工科技园　　邮编:430223
录　　排:	孙雅丽
印　　刷:	武汉市洪林印务有限公司
开　　本:	787mm×1092mm　1/16
印　　张:	13.75
字　　数:	320千字
版　　次:	2025年5月第1版第2次印刷
定　　价:	49.80元

本书若有印装质量问题,请向出版社营销中心调换
全国免费服务热线:400-6679-118　　竭诚为您服务
版权所有　侵权必究

INTRODUCTION
出版说明

民航业是推动我国经济社会发展的重要战略产业之一。"十四五"时期,我国民航业将进入发展阶段转换期、发展质量提升期、发展格局拓展期。2021年1月在北京召开的全国民航工作会议指出,"十四五"末,我国民航运输规模将再上一个新台阶,通用航空市场需求将被进一步激活。这预示着我国民航业将进入更好、更快的发展通道。而我国民航业的快速发展模式,也对我国民航教育和人才培养提出了更高的要求。

2021年3月,中国民用航空局印发《关于"十四五"期间深化民航改革工作的意见》,明确了科教创新体系的改革任务,要做到既面向生产一线又面向世界一流。在人才培养过程中,教材建设是重要环节。因此,出版一套把握新时代发展趋势的高水平、高质量的规划教材,是我国民航教育和民航人才建设的重要目标。

基于此,华中科技大学出版社作为教育部直属的重点大学出版社,为深入贯彻习近平总书记对职业教育工作作出的重要指示,助力民航强国战略的实施与推进,特汇聚一大批全国高水平民航院校学科带头人、"双师型"骨干教师以及民航领域行业专家等,合力编写了高等职业学校"十四五"规划民航服务类系列教材。

本套教材以引领和服务专业发展为宗旨,系统总结民航业实践经验和教学成果,在教材内容和形式上积极创新,具有以下特点:

一、强化课程思政,坚持立德树人

本套教材引入"课程思政"元素,树立素质教育理念,践行当代民航精神,将忠诚担当的政治品格、严谨科学的专业精神等贯穿于整个教材,旨在培养德才兼备的民航人才。

二、校企合作编写,理论贯穿实践

本套教材由国内众多民航院校的骨干教师、资深专家学者联合多年从事乘务工作的一线专家共同编写,将最新的企业实践经验和学校教科研理念融入教材,把必要的服务理论和专业能力放在同等重要的位置,以期培养具备行业知识、职业道德、服务理论和服务思想的高层次、高质量人才。

三、内容形式多元化,配套资源立体化

本套教材在内容上强调案例导向、图表教学,将知识系统化、直观化,注重可操作性。华中科技大学出版社为本套教材创建了内容全面的线上教材课程资源服务平台,为师生们提供全系列教学计划方案、教学课件、习题库、案例库、教学视频和音频等配套教学资源,打造了线上线下、课内课外融合的新形态立体化教材。

我国民航业发展前景广阔,民航教育任重道远,为民航事业的发展培养高质量的人才是社会各界的共识与责任。本套教材汇集了来自全国各地的骨干教师和一线专家的智慧与心血,相信其能够对我国民航人才队伍建设、民航高等教育体系优化起到一定的推动作用。

本套教材在编写过程中难免存在疏漏、不足之处,恳请各位专家、学者以及广大师生在使用过程中批评指正,以利于教材质量的进一步提高,也诚挚邀请全国民航院校及行业的专家学者加入我们这套教材的编写队伍,共同推动我国民航高等教育事业不断向前发展。

华中科技大学出版社
2021 年 11 月

PREFACE 前言

"十四五"时期是开启我国全面建设社会主义现代化国家新征程的第一个五年,也是多领域民航强国建设开局起步的第一个五年。作为国家的战略产业,民航业的发展既是国家"十四五"规划的重要内容,也是国家"十四五"目标实现的重要支撑。随着社会全球化发展进程的加快,国际贸易业、旅游业、民航业不断发展,行业就业也面临机遇和挑战,职场竞争形势也越来越严峻。对于航空业而言,国内各大航空公司需要大量的空乘人员作为新质生产力的补充。而国外航空公司也从2022年起逐步恢复国内外航线航班的运营,并开始大规模地招聘空乘人员。

一直以来,空乘岗位都是广大青年向往的工作岗位。2005年以来,各大高校开始开办航空服务相关专业,"空乘面试技巧"这门课程已被很多高校纳入航空服务相关专业的人才培养体系,并成为一门非常实用的专业必修课程。

本书的适用对象既包含航空服务相关专业的本科、专科学生,也包括有意愿面试国内外航空公司空乘岗位的优秀社会人员。本书实用性强,图文并茂地向读者展示了国内外航空公司对于空乘人员各种能力素养的要求以及详细的面试流程、面试技巧。

本书在编写过程中得到了行业专家的指导,以及空乘专业"双师型"教师和学生的支持,他们为本书的编写提供了文字、照片和视频资料。同时,本书的出版还得到了各航空类院系专业负责人及华中科技大学出版社编辑的大力支持,在此表示感谢。

编者

第一部分 空乘岗位面试之基础能力培养篇

项目一 空乘职业形象塑造 ·················· 3
    任务一 职业形象概述 ·················· 4
    任务二 空乘岗位面试发型 ·················· 5
    任务三 空乘岗位面试妆容 ·················· 8

项目二 空乘面试礼仪 ·················· 16
    任务一 微笑 ·················· 17
    任务二 基本动作的礼仪规范 ·················· 22
    任务三 面试礼仪 ·················· 45

项目三 空乘面试技巧 ·················· 53
    任务一 面试前——准备阶段 ·················· 54
    任务二 面试中——应对阶段 ·················· 60
    任务三 面试后——总结阶段 ·················· 67

项目四 国内航空公司空乘岗位招聘英语测试部分详解 ·················· 70
    任务一 空乘岗位招聘英语测试概述 ·················· 71
    任务二 空乘岗位面试英语机考详解 ·················· 74
    任务三 空乘岗位英语面试详解 ·················· 94

第二部分 空乘岗位面试之国内航空公司篇

项目五 中国三大航空公司空乘岗位面试详解 ·················· 113
    任务一 中国国际航空 ·················· 114
    任务二 中国东方航空 ·················· 118
    任务三 中国南方航空 ·················· 123

项目六 国内中型航空公司空乘岗位面试详解 129
- 任务一 四川航空 130
- 任务二 厦门航空 134
- 任务三 海南航空 138

项目七 国内小型航空公司空乘岗位面试详解 143
- 任务一 成都航空 144
- 任务二 祥鹏航空 148
- 任务三 西藏航空 153

第三部分 空乘岗位面试之国外航空公司篇

项目八 中东系航空公司空乘岗位面试详解 161
- 任务一 阿联酋航空 162
- 任务二 卡塔尔航空 168
- 任务三 阿提哈德航空 173

项目九 日韩系航空公司空乘岗位面试详解 177
- 任务一 大韩航空 178
- 任务二 全日空 182

项目十 欧美系、大西洋系航空公司空乘岗位面试详解 189
- 任务一 荷兰皇家航空 190
- 任务二 汉莎航空 195
- 任务三 新西兰航空 200

第一部分
空乘岗位面试之基础能力培养篇

项目一　空乘职业形象塑造

项目目标

○ **知识目标**
(1) 了解职业形象的定义、内容。
(2) 掌握空乘人员的面试发型打造方法。
(3) 掌握空乘人员的面试妆容打造方法。

○ **能力目标**
(1) 能够根据自身情况和特点,确定适合自己的职业妆容及发型。
(2) 能够掌握适合航空公司面试的妆发打造技巧。

○ **素质目标**
(1) 了解不同国家在空乘人员职业形象塑造方面的审美要求。
(2) 培养空乘人员所应具备的良好且正确的审美观。

知识框架

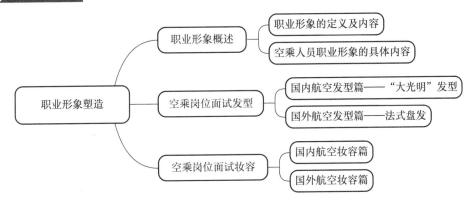

项目引入

航空公司对空乘这个岗位的需求量一直很大,在航空公司各类工种里,空乘人员队伍最为庞大。2022年初,随着我国民航市场加速回暖,国内航空公司招聘工作率先启动对空乘人员的招聘,以弥补空乘人员的人力缺口。国外航空公司如卡塔尔航空、新加坡航空等也陆续宣布在中国内地招聘空乘人员。面对机遇,应聘者应该做好哪些准备工作才能在竞争激烈的面试环节脱颖而出呢?不同航空公司对空乘人员的妆容和发型是否有相对一致的认可标准呢?应聘者应该如何打造专业的面试妆发,从而获得面试官的认可?

本项目主要结合国内外航空公司对于应聘者妆发的相关要求,对空乘人员的职业形象进行详细介绍。

任务一　职业形象概述

任务导入

Stella是一名在外企工作的女孩,她的岗位是总经理秘书。Stella某天偶然在网站上刷到了卡塔尔航空的招聘信息,便萌生了成为一名空乘人员的念头,经过积极准备,她通过了简历筛选环节。面试当天,Stella身着白色连衣套裙,妆容自然、协调,高矮适中的高跟鞋凸显出她自信、干练的气质。不出所料,Stella顺利地通过了面试,成为卡塔尔航空的一员空乘人员。

请思考:Stella是如何在面试中给面试官留下良好印象的?

一、职业形象的定义及内容

职业形象是指一个人在职业场合中展现出来的外在形象、内在品质,是处于工作环境中在外形、仪态、口才、工作能力、职业道德、沟通能力等方面所表现出来的一种综合形象。

1　外在形象

外在形象是人们对他人的第一印象,包括仪表仪容、着装、发型、妆容等。一名职业人士的外在形象应该自然、得体。

2　内在品质

一名职业人士的内在品质应该是积极向上的,应该包括诚信、勤奋、专业、谦逊、自信等品质。

二、空乘人员职业形象的具体内容

空乘人员是航空公司的门面,他们的职业形象直接影响着旅客对航空公司的印象和评价。空乘人员的职业形象是航空公司管理水平和服务水平的具体体现。因此,空乘人员需要具有较高的职业素养和服务意识,以及良好的外在形象和内在品质。

1　仪容仪表

空乘人员的仪容仪表和着装应该整洁、得体、大方,符合职业要求和航空公司的规定,应该保持干净、整洁,不留长指甲,不涂指甲油,不佩戴花哨的饰品。在着装方面,空乘人员应该选择合适的制服和鞋子,以最好的仪容仪表展现自己的专业素养和航空公司的高标准服务,避免着装过于暴露或过于随意。

2 言行举止

空乘人员的言行举止应该端庄、大方、得体,在工作场合要保持微笑;空乘人员应该使用礼貌用语,及时为旅客提供帮助,与旅客建立良好的沟通关系;空乘人员应该保持自信和谦虚的态度,不傲慢或过于张扬,以赢得旅客的信任和好评。

3 专业知识和服务技能

空乘人员的专业知识和服务技能也是职业形象的重要组成部分。空乘人员需要熟练掌握各种服务流程,具有应对突发事件的能力,具备良好的沟通能力和团队合作精神;需要注重细节和服务质量,为旅客提供贴心、周到的服务,以满足旅客的需求和期望。

总而言之,空乘人员需要具备较高的职业素养、较强的服务意识,以及良好的职业形象,为旅客提供优质的服务,并为其带来愉快的旅行体验。

任务二　空乘岗位面试发型

任务导入

"第一印象效应"也被称为"首因效应",指交往双方在7秒内形成的第一次印象,这一印象会对双方今后交往产生较大影响。第一印象并非总是正确的,却是最鲜明、最牢固的,并且影响着双方以后交往的进程。

猜猜在第一印象里,外表会给他人留下多少印象呢?答案:在对某一个体的第一印象中,外表占比约68%,其中,对于个体的妆容和发型的印象又占据大部分。因此,打造好妆发,尤为重要。下面,我们一起来学习打造面试妆发的技巧。

一、国内航空发型篇——"大光明"发型

(一)"大光明"发型的定义

"大光明"发型,就是把所有的头发捋到后脑勺,挽成一个发髻。额头无刘海,发髻呈八卦形。整个发型干净、利落,无碎发,突出干净、干练的空乘职业形象(见图1-2-1、图1-2-2)。

图 1-2-1 "大光明"发型 1

扫码看彩图

图 1-2-2 "大光明"发型 2

扫码看彩图

视频讲解

"大光明"发型

（二）打造"大光明"发型的具体步骤

准备工具：皮筋、隐形发网、U 形夹、一字夹、定型喷雾。

（1）用皮筋将头发扎成马尾。

（2）用隐形发网将马尾全部罩住。

（3）左手抓住发根，右手抓住马尾并顺时针旋转，直至将头发盘起，位于后脑勺中间。发髻呈螺旋状，用 U 形夹固定发髻，U 形夹要顺着发髻垂直于后脑勺方向插入，插到底后扭平插入发髻中，这样的发髻较为牢固，最后要将发尾碎发完美地收进发髻中，再用一字夹固定。这样,一个发髻就盘好了。

(4)碎发较多的话,可以用一字夹固定,也可以使用定型喷雾。整体上要做到一丝不乱。"大光明"发型示例图见图1-2-3。

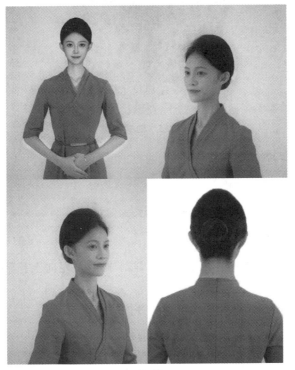

图1-2-3 "大光明"发型全方位展示

扫码看彩图

二、国外航空发型篇——法式盘发

外国航空公司虽未对空乘人员的发型做出明确要求,但在实际工作中,法式盘发是许多外国航空公司空乘人员的选择(见图1-2-4、图1-2-5)。在面试环节,打造让面试官满意的发型是非常重要的。

图1-2-4 法式盘发1

扫码看彩图

图 1-2-5　法式盘发 2

以下详细介绍法式盘发的具体操作。

1　需要准备的工具

梳子、皮筋、U 形夹、一字夹、法式盘发固定夹、定型喷雾。

2　法式盘发的具体步骤

（1）把头发梳顺后，用皮筋扎个低马尾。右手抓着发尾向上拧转，直至拧成一个竖直的柱状，最后将发尾塞进发髻中。

（2）整理头发，借助梳子理顺后用定型喷雾固定即可。

视频讲解

法式盘发

练一练

请跟随视频学习发型打造吧！

要求：

（1）发髻干净利落，向上卷起。

（2）无碎发。

（3）发髻要有空气感，恰当修饰脸型。

任务三　空乘岗位面试妆容

任务导入

应聘者要想在空乘岗位面试中向面试官展现自己的职业形象，需了解相关航空公司对空乘人员妆容的具体要求。例如国内航空公司普遍喜欢温柔妆感的妆容,所以面试时最好化浓淡适宜的妆,给人既干净利落又温柔和善的印象。很多航空公司会在空乘岗位面试要求中明确规定禁止浓妆,禁止佩戴假睫毛。

请思考:作为应聘者,应该如何打造既有精气神又符合面试要求的妆容呢?

一、国内航空妆容篇

(一)面部肤色的修饰

航空公司对底妆的要求为干净、无瑕疵。因为空乘人员工作带妆时间较长,因此在选用化妆品时,要求其持妆力强。

1 妆前准备

保湿水、保湿乳、防晒霜、粉底液、遮瑕膏、眉笔、眉刷、海绵粉扑、口红、眼线笔、腮红、眼影、睫毛膏、睫毛夹、化妆刷、散粉等。

2 妆前护肤

化底妆前,要做好皮肤的管理及基础护肤,如进行面部清洁、敷面膜、涂抹面霜等;要了解自己的皮肤状态,使用适合自己的护肤品。

可以选择去角质凝胶或磨砂膏之类的去角质产品,对面部进行深层清洁。

可以用按摩膏均匀地涂抹面部进行按摩,以促进面部的血液循环及新陈代谢。

面膜可以给皮肤充分补水,吸收营养,使皮肤问题得到改善。

3 上底妆

底妆可以遮掩面部皮肤的瑕疵,令肤色更加均匀。

对空乘人员来讲,超强的紫外线对皮肤有很大的伤害,防晒尤为重要,可以选择清爽不油腻的防晒霜,并均匀涂抹。(见图1-3-1)

图1-3-1 上底妆

涂抹粉底液时,可用粉底刷由内向外将粉底液推开,直到均匀为止。注意:涂抹时不要画圈圈,也不要将粉底刷从下往上推。(见图1-3-2)

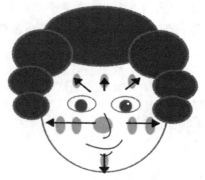

图 1-3-2　涂抹粉底液

④ 按压服帖

按压服帖是妆容自然的关键步骤,主要使用海绵粉扑(见图 1-3-3)进行操作。先把海绵粉扑浸湿,再把水分挤干;再用它在脸上轻拍按压,让粉底液更加服帖、自然,切忌用粉扑来回涂抹。

图 1-3-3　海绵粉扑

⑤ 散粉定妆

散粉可以吸附脸部的多余油脂,防止脱妆,所以干性皮肤尽量减少粉类产品的使用,以避免面部皮肤过于干燥。

用散粉定妆时,可以选用大号散粉刷(尽量不要使用粉扑,粉扑容易造成面部卡粉),蘸取少量散粉,然后抖掉浮粉,再以画圈的方式由上及下、由内向外将散粉打在脸上,最后,在易出油的地方再扫一遍散粉。(见图 1-3-4)

图 1-3-4　散粉定妆

妆前打底

练一练

(1) 选择适合肤色和肤质的粉底液。

(2) 做好妆前的保湿工作。

(3) 正确挑选和使用妆前产品。

(4) 产品用量适当。

(5) 使用的上妆工具。

(6) 上妆手法正确。

(7) 做好定妆工作。

(二) 眼睛与眉毛的修饰

国内航空公司在眉毛的修饰方面,更推崇自然眉形,眉形的选择应该考虑脸型的因素。眉毛稀疏或者眉毛杂乱无章,都会使整体形象大打折扣,这时可以选择适合自己的色号的眉笔,描画出眉形。国内航空公司对空乘人员的妆容要求是柔和、自然,因此眉毛不能画得过粗。

画眉毛

1 确定眉头、眉峰和眉尾的位置

可参照图 1-3-5 对眉毛进行定点。

(1) 眉头。把眉笔放在鼻子一侧,平行于鼻梁,眉毛的眉头应该在眉笔向上的延长线上,具体为与线 L 的交点,如图中 A 点。

(2) 眉峰。将鼻翼与瞳孔的连线向上延伸,延伸线与眉毛的交点处就是眉峰的位置,如图中的 B 点。眉峰是整个眉毛的最高处。

(3) 眉尾。将鼻翼与眼尾的连线向上延伸,延伸线与线 L 的交点,就是眉尾的位置,如图中的 C 点。

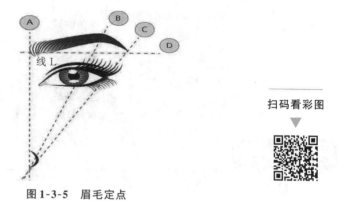

图 1-3-5　眉毛定点

2 描绘眉毛的形状

眉毛的造型应当能够衬托整个妆面,并修饰脸型。若为圆脸,应可以选择较为高挑的眉形;若为长脸,应选择平直、略带弧度的眉形;若为方脸,应选择较为平直的眉形;若为菱形脸,应选择平直、略长的眉形。

3 眼妆

国内航空公司中空乘人员的眼妆不宜过浓,化妆时可以选择大地色眼影盘,以晕染的手法将深色眼影涂在眼部的凹陷处,加深凹陷;将浅色眼影涂于眼睑的突出部分。眼线笔主要用于睫毛根部,一般会将眼线尾端拉长2毫米左右,以适当修饰眼形。针对睫毛,可以先用睫毛夹将睫毛夹翘,再刷睫毛膏,这样可以使睫毛变得浓密、纤长,让眼睛更有神采。

（三）脸颊与唇部的修饰

在对脸颊与唇部进行修饰时,常常用到腮红和口红。腮红与口红应该选择同一色系的,不宜过于跳脱。

二、国外航空妆容篇

与国内航空公司不同的是,国外航空公司在妆容的塑造上更加强调个性,因此底妆更强调骨相,眼妆更浓,眉形较凌厉,口红颜色也要与制服匹配,有些航空公司对指甲颜色也有相应规定。在面试时,应聘者为了给面试官留下"我的形象符合贵公司的要求"的重要印象,会根据航空公司的要求"投其所好"。(见图1-3-6)

图 1-3-6　国外航空公司妆容展示

（一）面部肤色的修饰

航空公司要求空乘人员的底妆干净、无瑕疵，并要求妆容持续时间长。应根据肤质、肤色等选择化妆品，若为油皮应注意加强定妆效果，若为干性皮肤应注意避免卡粉。选择粉底液时，可优先考虑哑光质地，应使底妆清透、无瑕。

❶ 妆前准备

保湿水、保湿乳、防晒霜、粉底液、遮瑕笔、眉笔、眉刷、海绵粉扑、口红、眼线笔、腮红、眼影、睫毛膏、睫毛夹、化妆刷、散粉等。

❷ 妆前护肤

化底妆前，要做好皮肤的管理及基础护肤，如进行面部清洁、敷面膜、涂抹面霜；要了解自己的肤质状态，使用适合自己的护肤品。

去角质死皮，可以选择角质凝胶或磨砂膏之类的去角质产品，对面部进行深层清洁。

面部按摩，可以用按摩膏均匀地涂抹面部进行按摩，以促进面部的血液循环及新陈代谢。

敷面膜，可以给皮肤充分补水，让皮肤吸收营养，使皮肤问题得到改善。

❸ 上底妆

底妆可以修饰面部皮肤的瑕疵，令肤色更加均匀。

对空乘人员来讲，超强的紫外线对于皮肤非常不友好，防晒尤为重要，可以选择清爽不油腻的防晒霜，并均匀涂抹。

涂抹粉底液时，可用粉底刷由内往外把粉底液推开，直到均匀为止。

（二）眼睛与眉毛的修饰

❶ 清晰利落的上扬眉

与国内航空公司的妆容要求不同，国外航空公司要求眉毛形状有一定的起伏，线条干净清晰。若眉骨比较突出，可以适当提高眉峰，同时加深眉峰到眉尾的颜色，让眉毛整体上深浅有度，这样会更加自然，能将面部的立体感拉出来，从而使整个人看起来更有力量感，更加坚韧。

❷ 眼妆

国外航空公司空乘人员的眼妆更加深邃，应用遮瑕膏和浅色眼影描绘出眼窝形状，并在眼窝上方加上对比强烈的深色眼影，以营造眼窝深邃的效果。眼线可适当拉长3毫米左右，并向上扬起，打造一个更有气场的眼妆。国外航空公司空乘人员的整个眼妆要求不同于国内航空公司的要求，更注重突出空乘人员的自信的性格特征。（见图1-3-7）

图 1-3-7　眼妆展示

扫码看彩图

3 面部修容

修容是利用光影和颜色来修整轮廓。修容时，使用较多的产品有高光和遮瑕产品。高光一般是指颜色浅于使用者原本肤色或者本身带有珠光的粉状、膏状类产品。高光主要利用浅色和珠光在视觉上的膨胀感帮助提亮面部，让使用部位看起来更加饱满，从而解决面部凹陷导致的显老的问题。阴影一般是指雾面深色的粉状或膏状产品，使用阴影修容主要是利用深色在视觉上的收敛效果，减少面部膨胀感，从而达到修饰脸型的目的。适当的修容能让妆容更加精致与立体，更符合国外航空公司的审美。

面部修容展示如图 1-3-8 所示。

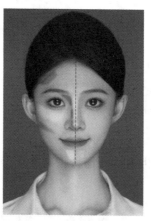

图 1-3-8　面部修容展示

扫码看彩图

（三）脸颊与唇部的修饰

鲜明的 M 唇峰（见图 1-3-9）会比模糊的圆弧形唇峰看起来更加立体、有气势。在准备国外航空公司的空乘岗位面试妆容时，应聘者应注意提升唇部的饱和度和清晰度，同时，在选择腮红时，也要注意其颜色要与口红颜色呼应。

图 1-3-9　唇部修饰展示

扫码看彩图

完妆效果如图1-3-10所示。

扫码看彩图

图 1-3-10　完妆效果展示

想一想

空乘岗位面试应聘者应该如何根据不同航空公司的情况，有针对性地化好面试妆容？

任务演练

1. 对照中国国际航空空乘人员的宣传照，打造出符合国内航空公司审美的妆容与发型。

2. 对照新加坡航空空乘人员的宣传照，打造出符合亚洲航空公司审美的妆容与发型。

3. 对照阿联酋航空空乘人员的宣传照，打造出符合中东系航空公司审美的妆容与发型。

项目小结

本项目主要向读者介绍了应聘者在国内、国外航空公司参加面试时，应该如何打造妆容及发型。

项目二 空乘面试礼仪

项目目标

- 知识目标

    （1）了解微笑的作用。

    （2）熟悉基本动作的规范要求。

    （3）掌握面试礼仪。

- 能力目标

    （1）能够掌握空乘岗位面试要求的微笑技巧。

    （2）能够正确展示空乘岗位面试礼仪的基本动作。

    （3）能够在面试中自然、全面地展示自己。

- 素质目标

    （1）培养良好的职业操守，提升审美素养和职业素养。

    （2）培养仪态、形体的塑造能力，提升形体基础、身体素质和审美情趣。

    （3）培养良好的沟通能力，树立自信、热情的职业形象。

知识框架

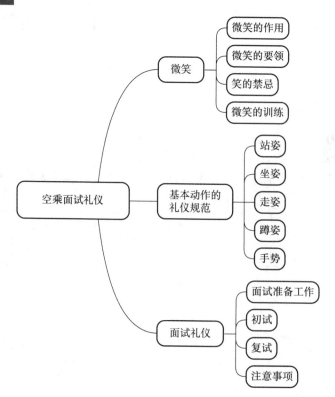

 **项目引入**

在整个航空运输中,与旅客接触最多的是空乘人员,空乘人员的服务质量会直接影响航空服务的质量,他们直接代表了其所在航空公司的形象。空乘人员优雅的举止能给旅客带来愉悦的体验,也是体现其良好素养的关键,彰显了其服务水平,所以,空乘岗位应聘者在面试的过程中需要注重自身的仪容、仪表、仪态,通过文明和优雅的举止给面试官留下深刻且良好的印象。

任务一 微 笑

任务导入

一架由北京飞往深圳的飞机即将起飞,飞机上的一位旅客请求空乘人员小李给他倒一杯水吃药,小李很有礼貌地对这位旅客说:"先生,飞机马上就要起飞了,为了您的安全,请稍等片刻,等飞机起飞进入平稳飞行后,我会立刻把水给您送过来,可以吗?"这位旅客接受了小李的建议,20分钟后,呼唤铃急促地响起,小李才意识到:由于自己刚才太忙,忘记给那位旅客倒水了。当小李倒了水来到客舱时,看见按呼唤铃的正是刚才那位旅客。小李小心翼翼地将水送到那位旅客面前,并面带微笑地说:"先生,实在对不起,由于我的疏忽,延误了您吃药的时间,我感到十分抱歉。"可是这位旅客却指着手表说:"怎么回事,有这样服务的吗?20分钟都过去了!"无论小李怎样解释,这位旅客都不肯原谅小李。

在接下来的飞行过程中,小李为了弥补自己的过失,每次经过客舱时,都会特意走到那位旅客面前,面带微笑地询问他是否需要水或者其他帮助,但是,那位旅客并没有消气,对小李的询问也不做回复。在飞机将要到达目的地时,那位旅客要求小李将留言簿给他拿过去,很显然,这位旅客要投诉小李。此时的小李虽然很委屈,但仍然非常有礼貌且面带微笑地说道:"先生,请允许我再一次向您表达真诚的歉意,无论您提出什么意见,我都会欣然接受。"可是,这位旅客并没有开口对小李说什么,只是接过留言簿,开始在本子上写了起来。等到飞机安全降落,所有旅客都陆续离开后,小李打开了留言簿,却惊奇地发现,那位旅客在本子上写下的并不是投诉内容,而是一封表扬信。在信中,有这样一句话:"虽然你有过失,但是你真诚致歉,特别是你的多次微笑,深深地打动了我。正是这多次微笑,让我最终原谅了你,并写了表扬信。"可见,在民航服务中,微笑是多么重要。

一、微笑的作用

人的情感是复杂多变的,通过面部的表情可以表现喜、怒、哀、乐等多种情绪,其中微笑是社交场合最富有吸引力、最有价值的面部表情,它表现了友善、融洽等,微笑是各国人都能理解的语言。

微笑传达的是一种愉悦的情绪,如果能将微笑运用得恰到好处,就会产生一种天然的吸引力,能使身边的人受到感染,进而愿意亲近你、相信你。同陌生人见面时,友好、真诚的微笑表示的是"欢迎你,见到你很高兴",这会使对方感到亲切;当需要别人帮忙时,真诚的微笑会让对方感到温暖且愿意主动帮助你;处于窘境时,可以自嘲式地微笑,从而让自己平和面对。在日常生活中,待人接物时,恰当地微笑,会让你拥有更多的朋友。

服务行业有这样一句话:顾客就是"上帝",善待每一位服务对象,是服务人员的职业要求。和蔼可亲是空乘人员应具备的基本气质,微笑体现了一种职业态度,也是空乘人员职业素质的基本体现。

如果空乘人员一脸愁容,服务对象也会受到影响,变得情绪低落甚至沮丧。自然真诚的微笑,能够拉近空乘人员与服务对象之间的距离。在服务过程中,通过微笑与旅客进行心灵的交流,可以使旅客有归家的亲切感,体会温馨的旅途服务,空乘人员周到的服务,会让旅客感到愉悦。

微笑主要有以下几种功能。

❶ 感染旅客情绪

微笑,是一种积极、乐观的情绪的体现。在服务岗位上以微笑面对他人,既可以营造出一种和谐融洽的现场气氛,又可以感染服务对象,使其倍感愉快和温暖,并在一定程度上驱散其烦恼或忧伤。微笑不是刻意迎合,而是一个人涵养的表现。它能反映出你的情绪管理能力,也能显示你主动热情、坦诚大方的个性。

❷ 拉近彼此距离

当旅客进入一个陌生的环境,可能会拘谨不安。此时空乘人员的微笑,能使旅客紧张的神经得到放松,消除旅客内心的戒备感。记住:要让他人微笑,自己得先微笑。

有人说,微笑是爱情的"催化剂",是家庭的"向心力",是人际交往的"润滑剂"。微笑能给人以美好的享受,微笑是传递给他人的宽容、理解和友爱的信号,谁又会拒绝微笑的你呢?

❸ 获取适度回报

心理学家指出:微笑多在交往双方初次面对面接触时出现。它是人们领会得最快、最好的一种情感,它的含义是:接纳对方、热情友善。微笑在人际交往中,最易得到交往对象的认同。微笑,既能缓和紧张的氛围,避免因沉默而造成的尴尬,又能避免因口头表达不恰当而造成的麻烦,获得"此地无声胜有声"的效果。微笑还能为你赢得思考的时间,帮助你高效解决问题。

一般情况下,服务人员在工作中若能始终面带微笑,以微笑开始,以微笑结束,则必然会赢得服务对象的赏识,获得良好的服务效果,得到适度的回报。

4 有益身心健康

对于服务人员个人而言,微笑不仅可以悦人,还可以益己。微笑可以在构建良好人际关系的同时,促进自己的身心健康发展。"愁一愁,白了头;笑一笑,十年少",笑口常开的人,往往会给自己一种心理暗示,产生积极的反馈,使自己更加乐观,更加自信。

二、微笑的要领

空乘人员需要学会微笑的要领,具体包括以下几点:

1 微笑要甜美

在日常生活之中,笑容有多种多样,假笑、媚笑、冷笑、窃笑、嘲笑、怪笑、狞笑、大笑、狂笑,等等,皆非服务人员在工作之中应出现的笑容,空乘人员的笑要自然大方、亲切友善。甜美的微笑才是极为合适的选择。微笑首先要放松自己的面部肌肉,然后使自己的嘴角微微向上翘起,让嘴唇略呈弧形,最后,不牵动鼻子、不发出笑声,不露出牙龈,轻轻地一笑。(见图2-1-1)

扫码看彩图

图 2-1-1　空乘人员微笑展示 1

2 微笑要温暖

温暖的微笑具有丰富的内涵,也更加具有感染力。温暖的微笑,应当体现一个人内心深处的真、善、美,能够缩短与服务对象之间的心理距离,有助于双方更加融洽地沟通。(见图 2-1-2)

扫码看彩图

图 2-1-2　空乘人员微笑展示 2

3 微笑要适度

　　微笑时,双眼应炯炯有神,眉头自然舒展,眉毛微微向上扬起,下巴微收。除此之外,还应避免耸动自己的鼻子与耳朵。空乘人员要把握好微笑的度,通常情况下,微笑是不闻其声、露半牙的,切忌发出声音。(见图 2-1-3)

扫码看彩图

图 2-1-3　空乘人员微笑展示 3

4 微笑要适时

空乘人员应善解人意,在微笑时,要注意观察服务对象的具体情况。

处于下列情况时,面带微笑是不恰当的:

(1) 在庄严肃穆的场所或情境下;

(2) 服务对象满面愁容时;

(3) 岗位规范禁止面带微笑之时。

以上列举了几种不适合面带微笑的情况,空乘人员在服务过程中需根据具体情况灵活、恰当处理。

三、笑的禁忌

(1) 哈哈大笑、纵声大笑、狂笑。

(2) 窃笑,即偷偷地笑。

(3) 假笑,即皮笑肉不笑。

(4) 冷笑,即含有无可奈何、不屑一顾等意味的笑。

(5) 怪笑,即笑得怪里怪气,令人心里发麻。它多含有恐吓、嘲讽之意,让人十分反感。

(6) 媚笑,即有意讨好别人的笑。它是一种出于一定功利目的的笑。

(7) 怯笑,即害羞或怯场的笑。例如,笑的时候,以手掌遮掩口部,不敢与他人进行眼神交流,甚至还会面红耳赤、语无伦次。

(8) 狞笑,即笑时面容凶恶。多为了表示愤怒、惊恐等情绪或者吓唬他人等,此种笑容无丝毫美感可言。

(9) 没有与眼神相结合的笑,如在服务时若是无精打采、满面愁容,会给旅客沉闷、压抑之感;若是横眉冷对、瞪眼撇嘴,会使旅客产生对立情绪;若是扬眉翘首、目中无人,会拉开与旅客的心理距离。

以上种种行为会严重地影响空乘人员的服务质量,不利于民航服务业的发展,都应放入禁忌之列。

四、微笑的训练

1 口眼结合法

(1) 面对镜子,发出字母E、G的音,以及汉字"七""钱"的读音,将嘴角向后压,微张双唇,降低音调,同时浅笑,这时可感觉到颧骨被拉向斜后方,相同的动作反复做几次,直到感觉笑容自然为止。

(2) 面对镜子或两个人面对面,目光相对,面部五官放松,从眼睛开始露出笑意,然后微启嘴唇,嘴角向上,笑容自然流露,整个表情让人感觉轻松自然。

2　口含筷子法

空乘人员练习时可以口含筷子练习,露出8颗牙齿,心境平和,可以先坚持一次练习5分钟,之后逐渐将每次的时间增加至10分钟、20分钟甚至半个小时。(见图2-1-4)

扫码看彩图

图2-1-4　口含筷子法训练微笑

3　情景训练法

(1)面对镜子,食指从嘴角向外做拉的动作,一边想象笑的形象,想一些让自己心情愉悦的事情,一边照镜子。

(2)一边照镜子一边听娱乐节目,或听笑话,保持愉悦的心情,体会"笑由心生"的感觉。

(3)一边照镜子一边回忆一些快乐的事情,包括你自己认为有趣的人、事、宠物、情景、笑话、电影、歌曲,让这些真实的情感激发真实的笑容。

(4)模拟有人从后面叫你的情景,你一边回答,一边微笑回头,从镜子里观察自己回头时的表情。

总之,空乘人员的微笑服务应在语言、动作、姿态、体态等方面展现出高标准和高要求,微笑既是对旅客的尊重,也是对自身价值的肯定,微笑服务可以建立起空乘人员与旅客之间的情感联系,让旅客体会到暖心的服务,进而让旅客收获愉快的旅程。

　任务二　基本动作的礼仪规范

任务导入

在某公司招聘空乘人员现场的长长的候考队伍中,有一位考生特别引人注目:她身材匀称,气质高雅,言谈举止富有表现力。看得出她受过良好的艺术熏陶。但初试结束后,在通过初试考核的考生名单中却没有找到她的名字。这样的考生怎么会落榜呢？而且还是在第一轮就被淘汰了？这位考生找到了相关专家进行咨询，专业是这样回复的：你在面试现场的表现说明你的艺术类学科学得不错，但你在旁边等候的时候歪歪斜斜地站着，一只脚不停地点地，好像在打拍子一样，我们可以很明显地感觉到你的不耐烦。专家进一步解释：空乘人员最重要的职责是为旅客提供优质的服务，其展现的并不只是外在之美，秀外慧中、活泼而不失庄重、美丽而不张扬，才是真正的服务之美。

从这个案例可以看出，基本姿态对空乘服务人员而言是非常重要的，它体现了服务人员的职业素养。那么，空乘人员应该怎样站立才是符合礼仪规范的呢？

一、站姿

（一）站姿的规范

在人际交往中，站立姿势是仪态表现的根本，所以对空乘人员而言，遵守站姿规范尤为重要。

1　基本的站姿

在实际生活中，人们经常会用不同的姿势站立，不同的站姿的适用场合一般也存在一定的差异。

服务人员的基本站姿，指其在常规情况下站立时的标准姿态。学会基本站姿，是航空公司对空乘人员的基本要求。

基本站姿，指的是人们在自然站立时所采取的姿势。基本站姿的动作要领包括：头部抬起，面部朝向正前方，双眼平视，下颌微微内收，颈部挺直。双肩放松，呼吸自然，腰部直立。双臂可自然下垂，手部虎口朝前，手指微微弯曲，指尖朝下。与此同时，两腿立正并拢，双膝与双脚的跟部靠紧，两脚成V形分开，两脚尖之间距离约一个拳头的宽度（见图2-2-1）。此外，还需提臀，调整好重心。

图2-2-1　女士基本站姿

扫码看彩图

一个人采用基本站姿后,从其正面来看,主要的特点为头正、肩平、身直;从侧面看,其则是挺胸、收腹。总而言之,采取这种站姿,会使人看起来大方、得体、俊美、挺拔。

在掌握了基本站姿的动作要领之后,还需要注意:在工作岗位上,男空乘人员与女空乘人员在基本站姿的基础上,还可以根据性别特征做一些局部调整。

男空乘人员与女空乘人员在站姿方面的差异,主要表现在手位与脚位上。

男空乘人员在站立时,要注意表现出男性的刚健、英武、强壮,要力求给人以一种"劲"的壮美感。具体来讲,在站立时,男空乘人员可以将双手握拳叠放于小腹上或者放于身后。双脚可以打开,两脚之间的距离不要超过肩的宽度(见图2-2-2)。

图 2-2-2　男空乘人员的基本站姿

扫码看彩图

女空乘人员站立时,则要表现出女性轻盈、娴静、典雅的韵味,要努力给人一种"柔"的美感。具体来讲,在站立时,女空乘人员可以双手虎口相交,右手置于左手之上并轻轻握住左手,两个大拇指收入掌心,其余手指自然并拢,从正面看,双手呈心形,叠放于腹前,双脚呈丁字步(以左脚脚跟为中心,向外旋转,同时左脚脚跟贴向右脚脚心,两脚成适当的夹角)。(见图2-2-3)

图 2-2-3　女空乘人员的基本站姿

扫码看彩图

在服务过程中,不论男空乘人员还是女空乘人员,都应特别注意:一定要在自己站立之时正面面对服务对象,切不可背对对方,这是非常重要的,需要引起重视。

❷ 站姿的变化

在工作岗位上,当服务人员接待服务对象,或者为其提供具体的服务时,他们在保持基本站姿的基础上,亦可依照本人的实际情况或工作的实际需要,对自己站立的具体姿势进行适当的调整,这时有三个方面的内容必须予以高度的重视。

1) 客舱待客站姿

接待人员采用站姿进行服务时,头部可以微微侧向自己的服务对象,但一定要保持面部微笑;手臂可以持物,也可以自然地下垂;在手臂垂下时,从肩部至中指应当呈一条自然的垂线;注意要保持收腹,同时收紧臀部;双脚一前一后呈丁字步;双膝在靠拢的同时,两腿的膝关节部分前后贴紧。这样的站姿较为优雅,很多人在拍照时也会采用这种站姿。(见图2-2-4)

扫码看彩图

图 2-2-4　客舱待客站姿

2) 柜台待客站姿

柜台待客的站姿,亦称为"长时间的站姿"。当一个人长时间站立后,身体会变得疲惫不堪。在值机台站立的服务人员的站姿就属于柜台待客站姿。

采用柜台待客站姿时,要掌握以下技巧:

(1) 手脚可以适当地放松,不必始终保持高度紧张的状态。可以以一条腿为重心,将另外一条腿向外侧稍稍伸出一些,使双脚稍叉开。

(2) 双手可以指尖朝前地轻轻扶在身前的柜台上。

(3) 双膝要尽量伸直,不要弯曲。

(4) 肩、臂自然放松,同时,保持挺胸直腰。

采取此种站姿,既可以使服务人员在缓解疲劳的同时不失仪态美。

3) 迎接站姿

当服务人员尚无接待任务时,可以在自己的工作岗位上采用迎接站姿。迎接站姿的最大特点是可以使站立者感到比较轻松、舒适。

采用迎接站姿时,要注意以下要点:

双脚可以适度地叉开,两脚可以交替放松,允许一只脚完全着地的同时,另外一只脚抬起脚后跟,脚尖着地。双腿可以分开一些,或者自由地进行十字交叉。肩、臂应自然放松,手部不宜随意摆动。上身应当挺直,并且目视前方。头部不要晃动,下巴内收。采用此种站立姿势时,非常重要的一点是叉开的双腿不要不停地变换位置,否则会给人浮躁不安的感觉。

(二)不雅的姿态

空乘人员应掌握正确的站姿,同时还应当有意识地避免以下不雅的姿态:①身躯歪斜;②弯腰驼背;③趴伏倚靠;④双腿大幅度叉开;⑤脚位不当;⑥手位不当;⑦半坐半立;⑧全身乱动。

(三)站姿训练

1 扶把练习

双手扶把杆,双脚并拢,双膝夹紧,站立提踵,停留10秒钟,重复,练习10次为一组,共练习5组。

如果双膝无法夹紧,可以在双膝间夹一些物品辅助练习,保持所夹物品不掉落即可,随着动作逐步熟练,膝间所夹物品的选择可由厚到薄。这种方法可以让练习者体会到正确站立时腿部收紧的感觉,形成良好的腿部用力习惯。

2 平衡练习

练习者按照正确的站立姿态站立,头上顶一本书,双膝用丝带等固定,保持5~10分钟。这种方法可以让练习者充分体会采用正确站立姿态时身体的感觉,锻炼身体的平衡能力与控制能力。同时,这种方法对纠正O形腿有明显的效果。

3 靠墙练习

练习者将身体贴近墙面,将后脑、双肩、臀部、小腿肚、脚后跟充分接触墙面并停留5~10分钟,这种方法可以纠正练习者头部前倾、驼背等不良站姿。

4 书本练习

保持正确的站姿,先在膝间夹一本书,然后头顶一本书,最后左右手臂各夹一本书,使站姿更加挺拔。

二、坐姿

（一）坐姿的规范

坐姿，指的是人在就座以后身体保持的一种姿势，本质上应当算是一种静态的姿势。

1 入座的要求

入座，又叫就座或落座，共有以下基本要求：

1）在他人之后入座

与他人一起入座时，一定要请对方先入座，等对方坐好后再入座，切勿抢先入座。

2）在适当之处就座

在公共场合就座时，一定要坐在椅、凳等常规的座位，坐在桌子上、窗台上、地板上等，都是失礼的。

3）在合"礼"之处就座

与他人同时就座时，应当注意入座礼仪，并且主动将上座让于他人。

4）从座位左侧就座

条件允许时，就座时最好从座位的左侧进入，女士着裙装时，要先轻拢裙摆而后入座。

5）向周围之人致意

就座时，若附近坐着熟人，应主动跟对方打招呼。即使不认识身边的人，亦应向周围人点头致意。在公共场合，要想坐在别人身旁，还需先获得对方同意。

6）轻慢入座

入座要轻且稳，尽量不要让座椅发出声音，不要制造扰人的噪声。

7）以背部接近座椅

就座时，应只坐椅面的2/3，脊背轻靠椅背。

8）坐下后调整体位

为使自己坐得端庄、舒适，可在坐下之后整理一下衣服、调整一下体位，切记要入座再做整理和调整，这些动作不可与就座同时进行。

2 离座的要求

离座时，主要有以下五点要求：

1）先有示意

打算离开座位时，如身旁有人就座，必须先以语言或动作向其示意，随后方可站立并离开座位。

2）注意先后

与他人同时离开座位时，需注意起身的先后次序。地位低于对方时，应等对方离座后再离座。地位高于对方时，则可先离座。

3)轻缓离座

起身离座时,动作要自然、轻缓,避免拖泥带水、犹犹豫豫,尽量不要碰到桌椅,不要影响旁边的人。

4)站好再走

离开座位后,要先站稳,然后迈步离开。不要慌慌张张,不要起身便走,要稳重、自然,不影响他人。

5)从左侧离开

条件允许时,起身离座后,宜从左侧离去。与"左入"一样,"左出"也是一种礼节。

3 下肢的标准姿态

1)基本坐姿

这种坐姿又称双腿垂直式坐姿,适用于正规场合,男女皆可选用。

基本坐姿的要求为:①女士身体的重心垂直向下,双膝、双脚都要完全并拢,大腿与小腿呈90°,脚尖朝前,女士双手虎口相交、轻握并放在两腿之间;②男士双膝分开,但双膝距离不得超过肩宽,双手分别放于两条大腿靠近膝盖处。(见图2-2-5)

图 2-2-5 基本坐姿

2)双腿斜放式坐姿

双腿斜放式坐姿适合穿裙子的女士在较低处就座时采用。其要求是:双腿并拢,然后双腿向左侧或右侧斜放,脚尖点地,双手虎口相交、轻握,放在两腿之间。(见图2-2-6)

图 2-2-6 双腿斜放式坐姿

3）双脚交叉式坐姿

双脚交叉式坐姿适用于各种场合,男女皆可选用。其要求是:双腿大腿并拢,双脚在踝部交叉,脚尖向前。需要注意的是交叉后的双脚可以内收,也可以斜放,但不可向前方直直地伸出去,双手虎口相交、轻握并放在两腿之间(见图2-2-7)。

图 2-2-7 双脚交叉式坐姿

4）前伸后屈式坐姿

前伸后屈式坐姿是可以将女性柔美的一面展现出来。其要求是:身体的重心垂直向下,双膝贴紧,左脚前伸右脚后屈或右脚前伸左脚后屈,双手虎口相交、轻握并放在两腿之

间或者小腹处。(见图2-2-8)

图 2-2-8　前伸后屈式坐姿

扫码看彩图

5) 双腿叠放式坐姿

双腿叠放式坐姿非常适合穿短裙的女士,该坐姿造型极为优雅,分为正叠式和斜叠式。其要求是:正叠式是指将双腿一上一下交叠在一起,上面一条腿的脚尖尽量往后收,交叠后的两腿之间没有缝隙;斜叠式又称为侧挂式,是指两腿重叠摆放,双脚斜放于左侧或右侧,脚尖绷直,双手轻握并放在两腿之间。(见图2-2-9)

图 2-2-9　双腿叠放式坐姿

扫码看彩图

男士在非正式场合可采用正叠式坐姿。其要求是两条腿在大腿处叠放。叠放之后位于下方的腿的小腿垂直于地面,脚掌着地,位于上方的腿的小腿则向内收,同时脚尖向下。(见图2-2-10)

扫码看彩图

图2-2-10 双腿叠放式坐姿

4 上身的姿态

就坐姿而言,除了下肢的体位,上身的体位也极其重要。

1) 头部位置端正

坐定之后,应当头部端正、双目平视、下巴内收。

2) 躯干笔直

坐定之后,也要注意保持躯干端正。

3) 手臂摆放得体

根据实际需要,服务人员坐好后,手臂可以有以下几种摆放方式:

(1) 放在两条大腿上。

其具体办法有三:其一,男士双手分别放在相应的大腿上;其二,女士双手叠放后放在大腿之间;其三,女士双手虎口相交、轻握并放在大腿之间。

(2) 放在一条大腿上。

侧身与人交谈时,通常宜将双手叠放或虎口相交、轻握置于自己所侧一方的那条大腿上。

(3) 放在公文包或文件上。

穿短裙的女士与男士相对而坐时,若身前没有屏障,为避免"走光",一般可将自己随身携带的公文包或文件放在并拢的大腿上。随后,或将双手平扶在公文包或文件上,或将双手叠放在其上,或将双手相交、轻握后置于其上。

(4) 放在身前桌子上。

双手平扶桌子边沿,或是双手相握后置于桌上,都是可行的。有时,亦可将双手叠放在桌上。

(5) 放在扶手上。

坐定后,可将手放在座椅的扶手上。正确的方法是正身而坐时,宜将双手分别扶于两侧扶手上;侧身而坐时,则应当将双手叠放或相握后,置于侧身方向上的扶手上。

(二) 不雅的坐姿

在公开场合,落座后,空乘人员一定要坐姿端正,注意避免出现不雅的坐姿,如女士两膝分开、跷二郎腿、抖腿,将脚尖指向他人或将脚尖翘起,将手夹于大腿间等。

(三) 坐姿的训练

1 轻入座

以优雅、正确的姿势在座位前站好,注意与椅子间的距离,右脚稍向后撤,右腿小腿触及椅子以感知椅子的位置,保持上身直立,然后慢慢放低身体坐下。如果穿的是裙装,在落座前要用双手手背从腰部开始向下至臀部整理裙装,以防落座后裙子起皱,腿部裸露过多。

2 雅落座

上身直立,头正肩平,挺胸直腰,面带微笑,坐椅面的2/3即可,这样身体的重心刚好在大腿上面,可以稳定双腿。

3 慢离座

起立时,右脚先向后收半步,然后缓慢站起,过程中要保持上身直立。

三、走姿

(一) 走姿的规范

走姿,指的是行走时所采取的具体姿势,走姿以站姿为基础,是站姿的延续动作。

对于空乘人员来说,走姿务必优雅稳重,保持一定的节奏,这样才可体现出其动态之美。

1 基本要求

行进的时候,要保持自己整体造型的优美,做到头正、肩平、躯挺、身体协调、步幅适当、步伐从容、步速均匀、行进方向明确、重心放稳、行走流畅、姿势优美。女士行走时,双脚内侧在一条直线上,姿势优雅轻盈;男士行走时,双脚要在两条平行线上。具体要求如下:

(1) 上体:后背正直,挺胸,双肩平齐、舒展,收腹、提臀、立腰,双眼平视前方,嘴角上扬,面带微笑。

(2) 两臂:两臂以肩为轴,大臂带动小臂,前后自然摆动,似柳叶摆动,前摆不超过30°,后摆不超过15°,手部呈自然半握拳状,手心相对。

(3) 腿部:走动时大腿带动小腿,落地轻盈,重心略向前脚过渡。

(4) 步幅：一般情况下，男士步幅约 25 厘米，女士步幅约 20 厘米，具体可根据服饰进行调整，女士穿着裙装时，应减小步幅。

(5) 步速：行进速度要均匀，可控制在每分钟 100～120 步。

(6) 步态：起步时，身体需向前微倾，身体的重心要落在前脚掌上。在行进的整个过程之中，应注意使身体的重心随着脚步不断地向前移。

男女空乘人员在行走时风格不同。一般来说，男空乘人员在行进时，速度稍快，步幅稍大，步伐奔放有力，充分展现男性的阳刚之美。女空乘人员在行进时，速度稍慢，步幅稍小，主要突出女性的柔美。

2 走姿的种类

走姿的种类很多，以下选择引导走姿、前行转身走姿、后退转身走姿、侧行走姿进行介绍。

1) 引导走姿

引导走姿是走在前边给旅客带路时的走姿，引导时要尽可能走在旅客的左前方，整个身体半转向旅客方向，注意行进的速度，与旅客保持两步的距离，遇到上下楼梯、转弯、进门等时，要伸出左手示意，并口头提示旅客上下楼梯、转弯、进门等；逢道路崎岖、光线欠佳之处，应随时留意，多多关照对方。

2) 前行转身走姿

在前行中遇到转弯时，应在转弯方向相对一侧的脚向前迈出时转过全身，然后迈出另一只脚。也就是说，向左拐，在右脚向前迈出时转身；向右拐，在右脚向前迈出时转身。

3) 后退转身走姿

与人告别时，应当先后退两三步，再转身离去，退步时脚轻擦地面，步幅要小，先转身后转头。

4) 侧行走姿

在行进时，有两种情况需要侧身而行。其一，与同行者交谈之时，上身宜转向交谈对象。距对方较远一侧的肩部朝前，距对方较近一侧的肩部后移，身体与对方身体保持一定距离。其二，在狭窄空间与他人相逢时，如走廊、过道等，宜两肩一前一后，面向对方，而不应背向对方。

（二）不雅的走姿

服务人员要掌握正确、标准的走姿，同时要避免一些不雅的走姿，如横冲直撞、蹦蹦跳跳、跑来跑去、塌腰驼背等。

（三）走姿的训练

1 分步骤训练

分步骤训练包括提、迈、落的训练。

提：将行进腿大腿及膝盖向上提，脚尖向下。

迈：以行进腿的膝盖为轴，大腿保持不动，小腿向前伸长，脚尖稍离地。

落：将行进腿落地，重心前移。

2 头顶书本训练

站立,头顶平放一本书,行走时目视前方,面带微笑,此练习可以纠正走路时身体摇摆或摇头晃脑的问题,使身体保持平稳的状态。

3 双臂摆动训练

身体直立,以两肩为支点,双臂前后自然摆动,前臂摆动幅度稍大,此练习可以纠正双肩过于僵硬、双臂左右摆动不均及手臂不能自然摆动等问题,使双肩摆动优美、自然。

4 虚拟直线训练

行走时双手置于背后,挺胸收腹,大腿紧绷,目视前方,眼前形成一条虚拟的直线,将脚尖正对着前方,女士行走时,双脚内侧在一条直线上,展现走姿的优雅和轻盈;男士行走时,双脚应处于两条平行线上,此练习可以纠正含胸驼背、姿态松散、臀部下沉等毛病,保持挺拔的身体姿态和端庄的仪态。

四、蹲姿

(一)蹲姿的规范

蹲姿是人在低处取物、拾物时身体所呈现的姿势,空乘人员的蹲姿要做到平稳、优雅。蹲姿的基本要求为:人由站立转变为两腿弯曲,身体的高度降低。蹲姿类似于坐姿,但臀部并不着地;又类似于跪姿,但双膝并不着地。在一般情况下,一个人采用蹲姿的时间不宜过久,否则会感到不适。因此,蹲姿其实只是人们在比较特殊的情况下所采取的一种暂时性的姿势。(见图2-2-11)

图 2-2-11 蹲姿服务

1 蹲姿适用的场合

1) 整理工作环境

在需要对自己的工作环境进行清理时,可采取蹲姿。

2)给予旅客帮助

需要与老年旅客或儿童旅客进行交谈时,可以选择蹲姿。

3)提供必要服务

当旅客座位较低时,以站立姿势用俯视的角度为旅客服务是不礼貌的,这时可以选择蹲姿。

4)捡拾地面物品

当自己或他人的物品掉到地上,或需要从低处取物时,不宜弯身拾捡、拿取。此刻,采用蹲姿最为恰当。

5)整理自己的着装

整理自己的着装(如裤腿、鞋袜等)时,亦可采用蹲姿。

2 蹲姿的基本要求

(1)下蹲拾物时,应自然、得体、大方,不遮遮掩掩,不失礼于人。

(2)采取蹲姿时,可以按照直腰下蹲—弯腰拾物—直腰起身步骤完成。

(3)女士无论采用哪种蹲姿,都要将膝盖靠紧,臀部朝下。

3 蹲姿的类型

1)高低式蹲姿

高低式蹲姿,是空乘人员平日所用最多的一种蹲的姿势。高低式蹲姿的基本特征为双膝一高一低。

高低式蹲姿的基本要求包括:下蹲时,双脚不并排在一起,而是一前一后。左脚应完全着地;右脚则应脚掌着地,脚跟抬起。此刻右膝须低于左膝,右膝内侧可靠于左小腿的内侧,形成左膝高右膝低之态。

女性应将两腿贴紧,男性则可适度地将双腿分开,但不可超过双肩的宽度,臀部向下,用右腿支撑整个身体。(见图2-2-12)

扫码看彩图

图2-2-12 高低式蹲姿

男空乘人员在工作过程中有下蹲需要时,选用高低式蹲姿往往更为方便。

2) 交叉式蹲姿

交叉式蹲姿,通常适用于女空乘人员,尤其是身穿套裙的女空乘人员。交叉式蹲姿的优点是整体形态优美典雅。交叉式蹲姿的基本特征是蹲下之后双腿交叉在一起。

交叉式蹲姿的基本要求:下蹲时,右脚在前,左脚在后,左小腿基本垂直于地面,全脚着地。右腿在上,左腿在下,二者交叉。右膝由后下方向左腿靠拢,右脚脚跟抬起,脚掌着地。两腿前后靠近,合力支撑身体。上身略向前倾,臀部朝下。(见图2-2-13)

扫码看彩图

图 2-2-13　交叉式蹲姿

3) 半跪式蹲姿

半跪式蹲姿,又叫单跪式蹲姿。它也是一种非正式的蹲姿,多在下蹲时间较长及为了用力方便时采用。它的基本特征是双腿一蹲一跪。

半跪式蹲姿的基本要求包括:下蹲之后,一腿单膝点地,臀部坐于另一脚的脚跟之上,双腿应尽力靠拢。(见图2-2-14)

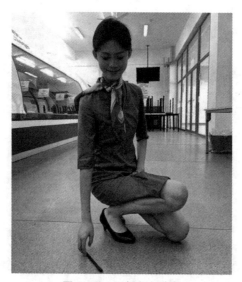

扫码看彩图

图 2-2-14　半跪式蹲姿

（二）不雅的蹲姿

服务人员在工作中,要避免不雅的蹲姿出现,如蹲下时与人距离过近、蹲下时方位失当、蹲下时双腿没有夹紧等。

（三）蹲姿的训练

蹲姿训练主要包括：
(1) 始终保持上身直立的状态。
(2) 女士下蹲时要保持双腿夹紧。
(3) 要保持臀部向下收的状态。
(4) 把握好重心,保持身体稳定。

五、手势

（一）手势的规范

在空乘人员的体态语言中,手势是十分重要的语言,它能表达多种意思,可以是方向上得到指示,也可以是情感的传播。

手势具体分为以下几种：

❶ 情谊手势

表达行为者的情感,如鼓掌、挥手、伸大拇指等。

❷ 象征手势

表示某种抽象的信念,且他人可以理解,如宣誓、敬礼。

❸ 象形手势

用手部动作来表现物体的状况或某种情况,给人一种具体、形象的感觉,如表示"请给我一杯水"。

❹ 指示手势

指示具体的某项行为和事情的手势,如表示"请看屏幕提示"的手势。

一般而言,服务人员必须恪守下述三项基本原则：

1) 规范化的手势

在使用手势时,必须令其规范化。在工作中只有使手势的运用合乎规范,才能表达充分、体现美感、表示尊重。

2) 了解区域性的差异

在不同的区域,人们往往会使用不同的"手语"。例如,伸出大拇指,在中国表示称赞,而在部分国家则表示祈祷幸运。若不注意手势的区域差异性,则会引起误会和尴尬

3) 手势宜少忌多

在正常情况下,服务人员的手势宜少不宜多。若在毫无必要时将自己的手臂挥来舞去,既不能表达自己的想法,也毫无美感可言。使用多余的手势,会显得画蛇添足。

5 常用的手势

1) 手持物品

手持物品时,应注意以下事宜。

（1）稳妥。

手持物品时,可根据其具体重量、形状以及易碎与否,采取不同手持物品姿势,既可以使用双手,也可以只用一只手持物。但是,最重要的是要确保物品的安全,尽量轻拿轻放,体现空乘人员的职业素养。(见图2-2-15)

图 2-2-15　持物稳妥

（2）自然。

手持物品时,服务人员可依据本人的能力与实际需要,酌情采用拿、捏、提、握、抓、扛、夹等不同动作,动作不要过于夸张。(见图2-2-16)

图 2-2-16　动作自然

(3) 到位。

持物要到位,例如,箱子应当拎其提手,杯子应当握其杯耳等,持物时若手部未能到位,不但不美观,也不安全。(见图2-2-17)

图 2-2-17　持物到位

(4) 卫生。

敬茶、斟酒、送汤、上菜时,千万不要把手指搭在器皿口,不方便直接拿取时可以戴上手套。(见图2-2-18)

图 2-2-18　持物卫生

2) 递接物品

在工作中,递送或接取物品时,服务人员的行为动作要规范。

递送物品时,应注意以下问题:

(1) 双手为宜。

尽可能用双手将物品递给他人,不方便双手并用时,应改用右手。

(2) 递于手中。

递给他人的物品,以直接交到对方手中为宜,不到万不得已的情况,最好不要将所递送的物品放在别处。

（3）主动上前。

若双方相距过远，递物者理应主动走近接物者。递物者如果在递物前为坐姿状态，在递物时应尽量改为站姿。

（4）方便接拿。

服务人员将物品递给他人时，应为对方留出便于接取物品的空间，不要让对方感到无从下手。递送时，要注意使物品的正面朝向对方。（见图2-2-19）

图2-2-19　持物正面面向对方

扫码看彩图

（5）尖、刃向内。

将带尖、带刃或其他易于伤人的物品递于他人时，切勿以尖、刃直指对方，应当朝向自己。

3）展示物品

服务人员经常需要在工作中将某一物品举起进行展示。在公共场合展示物品时，有三个需要重点注意的事项。（见图2-2-20）

图2-2-20　规范展示物品

扫码看彩图

（1）便于观看。

展示物品时，一定要便于旅客观看。因此，一定要将被展示之物正面面向对方，举至一定的高度,展示的高度、角度和持续的时间应以足够让旅客看清为宜。

(2)操作标准。

服务人员在展示物品时,不论口头介绍还是动手操作,均应符合有关标准。在解说时,要口齿清晰、语速舒缓;在动手操作时,则应手法干净利索、速度适宜,并进行必要的重复。

(3)手位正确。

在展示物品时,应将物品放在身体的一侧进行展示,不宜挡住自己的头部。

4)招呼别人

招呼别人,在此主要是指呼唤一定距离之外的人,对其进行引导,或为其指示方向。在招呼别人时,需注意以下两点:一是做动作时要用到整个手部,而不能只使用手指;二是掌心不宜向下。根据手臂摆动姿势,又可以具体分为下述五种形式:

(1)横摆式。

横摆式是手臂向外侧横向摆出,指尖指向被引导或指示的方向。横摆式适合在请人行进时使用。(见图2-2-21)

扫码看彩图

图2-2-21 横摆式

(2)直臂式。

直臂式也要求手臂向外侧横向摆出,指尖指向前方,同时,直臂式要求将手臂抬至肩膀高度或更高。这种姿势适合在引导或指示物品时使用。(见图2-2-22)

扫码看彩图

图2-2-22 直臂式

（3）屈臂式。

屈臂式即手臂弯曲，由体侧向体前摆出，手臂高度在胸以下。请人进门时，可使用这种姿势。(见图2-2-23)

图 2-2-23　屈臂式

（4）斜臂式。

斜臂式的最大特点是手臂由上向下斜伸摆出。斜臂式大多适用于请人就座。(见图2-2-24)

图 2-2-24　斜臂式

（5）双臂式。

双臂式即双手先叠放于腹前，然后抬至胸部之下，同时向身体两侧摆出。有时，亦可双臂同向摆出。双臂式适合招呼较多旅客时使用。（见图2-2-25）

图 2-2-25　双臂式

5）举手致意

举手致意也叫挥手致意，多用于向他人表示问候、致敬、感谢之意。它既可悄然无声地进行，也可以搭配口头表达使用。（见图2-2-26）

图 2-2-26　举手致意

举手致意的正确做法，具体涉及下列四点：

（1）面向对方。

举手致意时，应全身直立，面向对方，至少上身与头部要朝向对方。在目视对方的同时，面带笑容。

(2) 手臂上伸。

致意时,应当手臂自下而上向侧上方伸出。手臂既可略有弯曲,亦可全部伸直,具体视情况而定。

(3) 掌心向外。

致意时,必须掌心向外,即面对对方,指尖朝上。

(4) 切勿乱摆。

举手致意时,理应手臂轻缓地由下而上地向上伸出,而不宜自上而下或向左右两侧来回摆动。

6) 与人握手

在见面之初、告别之际、慰问他人、表示感激、略表歉意等情景下,人们往往会用到握手的礼仪。(见图2-2-27)

图 2-2-27　与人握手

与人握手时,服务人员应注意以下几点:

(1) 先后顺序。

握手时,应尊者在先,即地位高者先伸手,地位低者后伸手。在工作之中,服务人员通常不宜主动与服务对象握手。

(2) 用力大小。

握手时,力量应当适中,用力过大与过小,都是失礼的行为。

(3) 时间长短。

与人握手时,动作一般持续3秒钟至5秒钟即可。除了特殊的情况,不宜长时间握手;握手时手部稍微触碰到对方便收回也不太合适。

(4) 握手方式。

通常,应用右手与人相握,一般不宜使用左手,双手相握亦不常见。握手时,应首先走近对方,右手向侧下方伸出,双方互相握住对方手掌的大部分,不要仅握对方的指尖。

7) 挥手道别

挥手,是与人道别时常用的手势。采用这一手势时,主要应注意以下几点:

(1) 身体站直。

尽量不要晃动身体,保持躯干挺直。

(2) 目视对方。

目光要与道别对象接触,否则会被对方误解为目中无人。

(3) 手臂前伸。

可用右手,也可双手并用,同时要注意使手臂尽力向上、向前方向伸出,指尖朝上,手臂不宜过分弯曲。

(4) 掌心朝外。

要保持掌心向外,否则动作不规范,会被认为很不礼貌。

(5) 左右挥动。

挥手道别时,要将手臂向左右两侧轻轻挥动,不要上下摆动。以双手道别时,应将双手同时由外侧向内侧来回挥动。只伸出双手而不挥动,会被认为不礼貌。

(二) 不雅的手势

在正确掌握以上七种常用的手势之后,还应避免在服务过程中出现不雅手势,如指指点点、随意摆手等。

(三) 手势的训练

训练各种礼仪手势,可以通过专业老师指点、同事之间的相互指正、对镜自查等方式进行,在明确了某种手势的标准姿势后,通过反复训练,强化规范姿态。

任务三 面试礼仪

 任务导入

五官端正、身材高挑的李雪去参加某航空公司的面试。李雪毕业于某高校,在校期间,多次在一些公司的大型庆典活动中担任礼仪小姐,并且能说一口标准、流利的英语。为了从众多应聘者中脱颖而出,李雪在面试当天"精心"地打扮了一番,她身着黑色紧身露背连衣裙,踩着10厘米高的红色高跟鞋,戴着时尚的手环、造型独特的戒指、闪闪发光的项链、新潮的耳坠,身上每一处都是焦点。

面试时,面试官拿着她的简历等她,李雪没有敲门就直接推门走了进来,进来后还没等面试官开口就直接坐在了椅子上。三位面试官看到这身打扮的李雪,用眼神交流了一番,说:"李小姐,请下去等通知吧。"李雪听后喜形于色,拎着包飞跑出门。

请思考:李雪会被聘用吗?若李雪未被聘用,原因是什么?在面试的过程中,应聘者需要注意哪些事项?

一、面试准备工作

面试是航空公司招聘空乘人员的一个非常重要的考核过程,民航面试过程是面试官和应聘者面对面地了解和沟通的过程。

为了顺利通过航空公司的面试,应聘者应该做好以下几方面的准备。

(一)明确求职目的

在参加航空公司面试之前,甚至在选择空中乘务专业学习之前,都要先问问自己:"我为什么要选择这个职业/专业?我对这个行业了解吗?"明确自己的职业方向,是全身心投入工作的基础,同时,也更方便自己做好职业规划,激励自己奋斗。

民航运输事业有着巨大的发展前景,空乘也是很多青年学子心中的理想职业,但是,也要清楚空乘靓丽外表背后的艰辛。所以,选择空乘这个职业的人需要对这个工作有客观、正确的认识。

(二)了解用人单位

应聘一家航空公司之前,应该有针对性地了解一些信息,包括该单位的企业标志、企业文化、发展沿革、组织架构、运作模式、薪酬水平,以及用人单位招聘的具体要求、面试流程等。这些信息可以从企业网站、求职网站、学校招聘资料中获得,也可以从他人分享的面试经验中获取。对这些信息了解得越全面、越深入,准备得越充分,面试成功的概率就越高。

(三)评估自身实力

首先要根据招聘公告评估自己是否符合航空公司的招聘要求,这些基本要求包括专业是否对口、学历、英语水平、政治素养、身体及心理等方面是否达标,是否有相关的工作经验,是否具有某些特长,是否掌握第二外语等。应聘者也须重视空乘岗位面试中的体检环节,最好先评估一下自己是否能够达到相关要求。

(四)个人形象准备

需要注意的是,不同的航空公司对于空乘人员职业形象的要求也不尽相同,因此,应聘者一定要仔细研究相关方面的具体要求,有针对性地设计自己的面试形象。

1 男士面试形象

1)西装衬衫

(1)西装、衬衫应搭配协调,颜色尽量以深色为主,避免款式过于老旧。

(2)不要穿新西装去参加重要公司的面试,七八成新的服装最自然妥帖。

(3)正式面试时,以长裤为宜,并注意将其熨烫笔挺,裤子长度以直立状态下裤脚遮盖住鞋跟的3/4为宜。

(4)经典白色衬衫永不过时,尽量不要选择带图案衬衫,在材质选择上,要注意:棉质材料容易起皱。

(5)面试前,要将衣服洗干净并进行熨烫。

2)领带

(1)领带应在材质和风格上与西装、衬衫相匹配,领带的长度以戴好后至皮带扣处为宜。

(2)尽量选择颜色明亮的领带,不要过于鲜艳,会显得花哨,以能带给他人良好的印象为宜。

(3)在选择领带时,要注意其材质,亚麻材质的领带容易起皱,合成纤维的不好打结,较为推荐真丝领带。

3)皮鞋和袜子

(1)皮鞋也尽量不要选择给人以攻击感的尖头款式,方头系带的皮鞋是较为合适的选择。

(2)在西装和皮鞋的颜色选择上,要尽量稳重、大方,避免颜色过于艳丽。一般情况下,黑色皮鞋是不会出错的选择,要保持鞋面的清洁和光亮。

(3)袜子的颜色最好与鞋、裤子的颜色相匹配。

4)注意细节

(1)如果穿双排扣西装,纽扣一定要全部扣上;单排扣西装系扣讲究"扣上不扣下",若为两颗纽扣,则应扣上面一颗纽扣,若为三颗纽扣,则应扣中间的纽扣或上面两颗纽扣。

(2)若戴眼镜,则镜框不要过于花哨,最好能给人以稳重的感觉,颜色、款式应与身上的服饰相协调。

(3)面试时要保持口气清新、身体没有异味。

(4)不要将钥匙、手机、零钱等放在西装裤的口袋中,以免影响整体着装效果。

(5)发型要得体,头发不能过长也不能过短,尽量不要戴首饰。

2 女士面试形象

1)妆发

(1)面试时适宜化自然清爽的妆容,给人自然健康、整体状态朝气蓬勃之感。

(2)头发要干净整洁,若为长发,须盘发。

(3)不宜擦拭香味浓烈的化妆品,可保持淡雅清香的气息。

(4)不要涂指甲油或做指甲(应聘国外某些航空公司时,可根据公司的具体要求进行调整),指甲要保持整洁。

2)饰品

(1)最好不戴戒指,耳环以小巧为宜。

(2)面试时可选择携带一个公文包或手包。

3)衣着

(1)在服饰的选择上,套装和连衣裙是比较正式的,女式套装在选配方面较男士西装更为讲究,也更为烦琐,应选择适合自己的颜色,偏深的套装相对较为稳妥。

(2)过短的裙子、暴露的上衣不适合在面试环节穿着,会让人觉得不被尊重,也不太礼貌,裙装的长度以在膝盖处及膝盖下为宜,太短有失庄重。

(3)面谈时应穿着高跟鞋,鞋跟3～5厘米为宜,尽量不要穿平底鞋和休闲鞋。

(4)服装配饰以淡雅或同色系为宜,颜色不要过于鲜艳。

(五)心理状态准备

1 保持平常心

保持平常心,才能更好地展示自己,发挥出自己的应有水平,所以,一定要以平常心对待面试。

2 心情放松,增强自信

面试前不要过度焦虑,要休息好,保证睡眠,可提前到达,给自己调整、适应的时间,让自己充满信心,从容面对。

二、初试

1 进入考场

进入考场要精神饱满,积极自信,面带微笑,可向面试官行注目礼,女士以腹前握指姿势站立于指定位置(见图2-3-1),男士则可以选择手后背式站姿。

扫码看彩图

图2-3-1 进入考场

2 接受目测

微笑接受面试官的目光检测,仔细聆听面试官的指令,保持身体平衡,绕场走时要注意头部转动不要过于机械,要自然大方。

3 退出考场

面试结束后要致谢,行30°鞠躬礼,接着后退一步,女士以腹前握指式站姿站立,男士以手后背式站姿站立,然后转身,向面试官行注目礼后退出考场。

三、复试

1 进入考场

精神饱满,自信进入考场,面带微笑,将头朝向面试官一方,向面试官行注目礼,女士以腹前握指式站姿站立于指定位置,男士以手后背式站姿站立。

2 礼貌问好

按照序号,上前一步,向面试官致意,行30°鞠躬礼。

3 自我介绍

1)称呼适当

应该对面试官称呼"考官",而非"评委"。

2)表达准确

清晰、准确地报出自己的考号,表达自然流畅,声音洪亮,语速适中。

3)重点突出

表达思路清晰,陈述强项和优势,突出成就、专业技能和特长爱好等。

4)临场表现

目光平视前方,面带微笑,身体放松,如出现遗忘,不要试图重新开始,不要紧张,以"谢谢"结束即可,不要做背书状,慎用手势,保持挺拔的姿态。

4 应答训练

1)你的求职动机是什么?

不要盲目地对面试公司进行赞美,建议从行业、企业、岗位三个角度回答。如"我十分看好该行业,我认为贵公司非常重视人才,而且这个工作很适合我,我相信自己一定能做好"。

2)你了解我们吗?

在面试前,要做充分的调查分析,可以就面试公司的发展战略交流一个具体的话题。

3)你有什么特长?

应答示例:

(1)我的优点是乐观、热情、办事认真,特长是沟通能力较强。

(2)我是空乘专业毕业生,专业知识扎实。

(3)我的特长是英语口语较好,优点是热情开朗,喜欢和人打交道,喜欢旅游和运动。

(4)特长说不上,优点是待人热情、做事细心。

4) 你有过求职的经历吗?

应答示例:

(1) 这是我第一次求职。

(2) 我去过一些单位求职,因为双方的因素,目前意向没有达成一致。

(3) 我去过两家单位求职,一家是××公司,另一家是××公司,它们都认为我不错,准备录用我。

5) 你是应届毕业生,缺乏经验,你觉得你如何胜任这份工作?

回答这个问题时,应诚恳、灵活,并表现自己的敬业精神,如"读书期间,我一直利用各种机会在这个行业做兼职,我也发现,实际操作远比书本上的知识更加复杂,但我有较强的责任心、适应能力和学习能力,而且比较勤奋,在兼职工作中,我均能圆满完成各项工作,从中获取经验,这些工作经历让我受益匪浅,请放心,学校所学及兼职经验使我一定能胜任这个职位"。

6) 你有什么要求吗?

应答示例:

(1) 没有什么要求。

(2) 我家在外地,希望解决住宿问题。

(3) 我还没有考虑更多,希望待遇和福利比较好。

7) 如果录用你,你将怎样开展工作?

针对这个问题,最好不要给出直接答案,可采用迂回战术,如"首先听从领导的指示和要求,然后就有关情况进行了解和熟悉,接下来制订一份近期工作计划,报领导批准,最后根据计划开展工作"。

8) 你认为公司所处的行业前景如何?

面试官提出此问题,是想要了解求职者对行业及行业现状是否清楚,以及有何种看法,因此,建议在面试前多做一些相关功课,要查阅相关行业资料,了解行业背景、行业动态和行业趋势。

9) 你是否愿意从基层做起?

面试官提出此问题,主要是考察求职者是否是一个踏实肯干而非眼高手低的人,职场新人可以表示愿意从基层开始锻炼自己,不断学习,不断进步。

10) 你的优势和劣势是什么?

面试官提出此问题,是为了了解求职者的自我认知情况,可以用几个事例加以说明,也可以陈述熟悉自己的人对自己的评价,避免抽象的陈述,应以具体的体验及自我反省为主,使自己的答案更具吸引力,更具表现力。

11) 你有什么业余爱好?

业余爱好能在一定程度上反映出求职者的性格特征,可以选择一些自己喜欢的户外活动来谈。

12) 你的座右铭是什么?

座右铭能在一定程度上反映出求职者的追求和理想,如果还能反映出求职者的某种优秀品质那就更好了。

5 退出考场

复试结束后,致谢,行30°鞠躬礼,后退一步,女士以腹前握指式站姿站立,男士以手后背式站姿站立,转身,向面试官行注目礼后,退出考场。

注意:如果应聘者是坐着进行面试,在听到"请坐"后,须先致谢,然后在指定位置轻且稳地坐下,一般只坐椅子的前1/2,女士双膝并拢,可采用基本坐姿、前伸后屈式坐姿和双腿斜放式坐姿,男士双膝可微微分开,一般采用基本坐姿。

四、注意事项

乘务工作是服务工作,因此空乘人员要热情周到,在面试时,一定要时刻保持微笑,富有亲和力的笑容更容易让自己受到面试官的青睐,应注意以下几方面:

1 饮食作息

面试前饮食要清淡,为了能达到最佳状态,在面试前的一段时间里,应聘者应注意保持清淡的饮食,如不吃辛辣食物,少吃热性食物,以免长痘或皮肤过敏,注意休息,保持充足睡眠,适当进行体育锻炼,使自己更加有活力。

2 着装

为了体现个人气质,应聘者不妨挑选大方、端庄、适合自己的职业装(需符合航空公司的着装要求)。不要佩戴不符合要求的首饰。

3 化妆

面试妆容需要精致且符合航空公司的要求。面试官希望看到的是妆容自然的应聘者,眼影、粉底应适量,切忌浓妆艳抹,要展现出最佳状态。要注意手部的日常护理,光洁、润泽的双手会给面试官带来好印象。

4 表达

语言表达能力在面试环节非常重要,进门前要先敲门,进门后要与面试官礼貌地打招呼,在与面试官对话时,避免使用口头禅,回答问题不要跑题,说话时语速不要太快,口齿要清晰。

5 姿态

待面试官邀请就座后,才可礼貌地坐下,坐下后身体要保持挺拔。要管控自己的身体行为,动作大方得体。跷腿、左摇右摆、双臂交叠于胸前、单手或双手托腮,这些动作都不适宜。切忌做一些缺乏自信的小动作。

6 准备充分

微笑应考。面试时通常要先测量身高、体重，并做常规的外科检查，包括身体上是否有疤痕、腿型是否标准等，接着面试官会观察应聘者的身材，考查身体协调性，此外，面试中还有中英文对话环节，例如，面试官会让应聘者做中英文的自我介绍，朗诵一小段英文文章，讲一讲应聘理由等，这一环节主要是考查应聘者是否能够流畅、自然地表达。

在整个面试环节中，应聘者要始终保持微笑，保持仪态端庄大方，回答问题时注意礼貌得体、积极自信，这些都将加分。

想一想

有一位企业负责人，到一家航空公司洽谈业务，洽谈了好几次，最后一次去之前，他对朋友说："这是我最后一次洽谈了，我要跟他们的最高领导谈，谈得好，就能够拍板定下来。"过了两个星期，朋友问他："谈成了吗？"他说："没谈成。"朋友问其原因，他回答："对方很有诚意，进行得也很好，就是跟我谈判的这个领导坐在我的对面，当他跟我谈判时，不时地抖着他的双腿，我觉得没必要跟他合作了。"那么，接待过程中我们应该怎样做才是符合礼仪的呢？

任务演练

结合面试技巧，以小组为单位进行模拟面试，其中，一个小组作为应聘者，其他小组作为面试官，反复练习，直到能够自如地表达。

项目小结

本项目主要向读者介绍了面试礼仪的主要内容，微笑、礼仪基本动作和面试技巧。读者在学习完本项目后，能够根据自身情况和特点，设计符合航空公司要求的职业形象，能够自如地展示自己并自信地回答面试中的问题，从而提升自信，塑造端庄、大方的职业形象。

项目三　空乘面试技巧

项目目标

○ **知识目标**

（1）熟悉空乘岗位面试前的准备、面试中的应对及面试后的总结三个阶段的内容。

（2）了解面试的本质是沟通，掌握双向有效沟通的要素。

（3）掌握面试过程中的细节要点和应对技巧。

○ **能力目标**

（1）能够梳理自身的性格、兴趣、技能、特长，并找到与航空公司应聘职位的契合点。

（2）掌握面试中的沟通技能，包括语言和非语言沟通技能。

（3）培养空乘岗位要求的各项必备技能。

○ **素质目标**

（1）培养空乘求职人员的职业素养，提升空乘人员对乘务工作的认知度。

（2）培养积极向上的生活态度和良好的气质。

（3）正确认识空乘岗位的工作内容和职责，培养善于思考、理想信念坚定、具备服务精神的高素质技术技能型人才。

知识框架

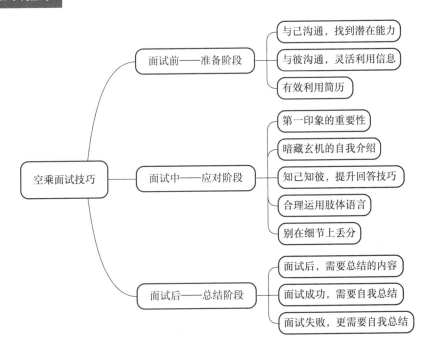

项目引入

近年来,大部分的空乘专业应届毕业生在找工作的过程中,会纳闷自己为什么总是"败"在初试或者复试甚至终试环节。其中的原因各不相同,但总体概括起来,面试失利者对于面试前、面试中、面试后三个阶段的准备并不充分。对于空乘专业的应届毕业生来说,核心技能就是利用好面试的三个阶段。希望本项目的学习内容能有助于应聘者掌握面试的主动权。

任务一 面试前——准备阶段

任务导入

面试,一个听起来很熟悉的词语。无论你今天参加的是网络面试还是线下面试,一对一的面试还是小组面试,第一次面试还是第 n 次面试,你是否静下心来思考过:"我们为什么要面试?"只有看清了面试的本质,你才能在每一场面试中从容、自信地面对。

面试的内涵可以从表层、外核和内核三个层面来剖析。

表层——人才选拔的手段。这种人才选拔方式在我国古代就已经得到充分运用,既然是选拔,就肯定存在着竞争。

外核——考试。面试是一种考查个人能力的考试。要从众多竞争者中挑选出最优者,考试是公平、有效的方式。

内核——沟通。面试的本质就是沟通。在沟通中,应聘者展示自身的能力,面试官获取相关信息,高质量的沟通促成双赢。

沟通是贯穿面试前、面试中、面试后整个面试过程的最核心技巧。按照时间顺序,我们把面试分为三大阶段:面试前的准备阶段、面试中的应对阶段,以及面试后的总结阶段。每个阶段应聘者的准备及表现情况,都会决定其面试结果。每位求职者在签下人生第一份工作前,通常在面试环节要经历的流程如图3-1-1所示。

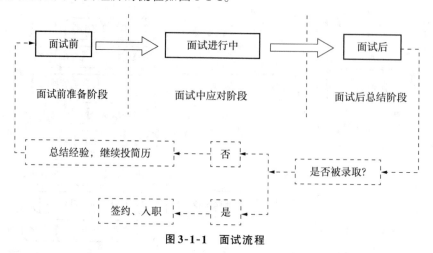

图3-1-1 面试流程

如果我们能掌握三个阶段的沟通技巧,自我沟通良好,与人沟通顺畅,那么一切问题都可能迎刃而解。

一、与己沟通,找到潜在能力

沟通是一种能力,是指同他人产生联系并让他人理解自己的能力。与自己沟通,是实现自我认知、自我评估的一种能力。自我认知不是一味地反思自己的不足或者只谈自己的优势。正确的自我认知是客观地看待自己、接受自己、直面最真实的自己,并获得自我成长的途径。在面试之前,每一个求职者都应正确认识、评估自己的性格特征、技能特长和工作价值观,这是开启空乘职业生涯的第一步。

(一)性格特征

越了解自己,就越容易将自己的特长应用于工作中。走上空乘这条职业道路后,如果能够把自己的优势和兴趣融入进去,就会在工作中找到乐趣,获得满足。

性格没有绝对的好坏之分,关键在于融入合适的工作环境中,不同的性格特征适合不同的工作岗位。我们可以通过霍兰德职业兴趣测试,收集和整合个人性格特质,从而更加深入了解自己。

职业心理学家约翰·霍兰德的研究方法将人们的性格与职业进行匹配,最后归纳为六类,即现实型R、研究型I、艺术型A、社会型S、企业型E和常规型C。

1 现实型 R

这类人具有务实、坦率的人格特征,喜欢动手进行有规则的具体劳动和需要基本技能的工作,通常使用工具或机器进行劳动。

2 研究型 I

这类人善于观察分析,具备科学精神。他们喜欢进行批判、学习、评估,也喜欢解决问题。

3 艺术型 A

这类人具有想象力,他们理想化、情绪化,喜欢自由、艺术性质的职业和环境,不善于事务性的工作。

4 社会型 S

这类人喜欢从事与人接触的活动,性情温和、善解人意,能敏锐地察觉别人的感受。

5 企业型 E

这类人具有冒险精神,积极进取、精力充沛,社交能力强,是沟通协调的高手,喜欢成为团体中的领导者。

6 常规型 C

这类人具有谨慎、有责任心等特征,喜欢系统的、有条理的工作任务,有写作或数理分析的能力。

具有C型特质的空乘人员,在安全检查工作中会特别仔细、谨慎;具有S型特质的空乘人员,在记忆旅客的基本信息以及重要旅客的爱好、习惯上更为得心应手。一旦明确了自己的性格特征,工作时就会积极主动、热情高涨。理想的状况是,工作和个人的性格爱好相匹配。

(二) 技能特长

正如肌肉塑造着你的身型,技能塑造着你的职业生涯。我们在学习中、工作中、社会中展现的各种才华和能力就是技能。技能特长既包括天赋方面的才能,也包括通过后天学习而获得的能力,还包括通过兴趣爱好转变而成的个人所擅长的能力。在使用这些技能时,我们感到游刃有余,从而获得快乐和满足。

这些技能大体上可以分为三类:功能型技能、工作型技能和适应型技能。

❶ 功能型技能

功能型技能是人们需要用它来完成常规的任务或工作职责的技能。比如一般的学习能力、文字语言运用能力、形体知觉能力、身体协调能力、空间判断能力、心理承受能力,等等,这是我们在职业活动中不可缺少的技能。

❷ 工作型技能

工作型技能主要是指从事某一职业的专业能力。比如空乘人员的形象塑造技能、客舱服务能力、应急撤离能力、急救能力,等等。

❸ 适应型技能

适应型技能也称自我管理技能,它是个人的特质,也是个性品质或软技能,比如快速学习能力、团队协作能力、关注细节能力,等等。

现在,你需要真实而准确地列出自己所具备的技能,特别是那些让你保持职场竞争力的技能。一旦客观了解了自身技能,你就会摆脱狭隘的自我认知,并逐渐认识到自己的特别之处。

(三) 工作价值观

工作价值观是一股无形的力量,它源于你内心的信念,在你面临抉择时影响你的思维。它也是你对职业的认知和态度,以及对职业目标的追求和向往。如果一个人追求的是自我价值的实现,那么他/她就会选择那种最能展示自己特长的职业;如果一个人只是一味地追求名和利,那么他/她在选择职业时,就会优先考虑职业的社会地位和经济收入,而不会从长远考虑。

"什么对你来说是最重要的?"这个问题对于职业发展来说极为重要。在很多航空公司空乘岗位面试中,面试官会通过询问"你为什么选择空乘岗位?""乘务工作很辛苦,你怎么看?""空乘岗位需要经常驻站,你能接受吗?"等问题来判断你的工作价值观。

那么,应该如何确认自己的价值观呢?

我们可以从利他主义、审美主义、智力刺激、成就动机、自主独立、社会地位、权力控制、经济报酬、社会交往、安全稳定、简单舒适、人际关联、追求新意这十三种价值观中，找出自己最看重的几种，形成自己独有的多元化的价值观。

清楚自己的价值观后，在求职时，综合考虑航空公司的地域、规模、招聘条件或发展前景后，你能做出更清晰的决定。

二、与彼沟通，灵活利用信息

俗话说，知己知彼，百战不殆。这里的"彼"指的是各大航空公司通过社交平台传递出的岗位说明、面试要求、企业规模、企业文化、业内口碑、服务理念、企业标识等资料。求职者应当通过搜集、分析、解读、利用等手段完全掌握这些信息，为面试成功赢得主动权。

航空公司的性质和企业文化不同，对求职者面试要求的侧重点也不同。随着互联网的不断发展，这些资料可以在各航空公司、机场集团的官网、微信公众号、民航招聘信息网、民航资源网招聘专网上获取，外航则可关注http://www.FASCO.com.cn。求职者获取这些信息后，需要进一步解读和分析，找到自身与航空公司企业文化、用人标准的契合点，帮助自己在面试的时候更清晰地表达自己的想法。比如，当面试官提出"为什么选择我们公司？""你是否了解我们公司？"等问题时，你就可以轻松应答。在求职前获取充足的资料，还可以帮助自己预测面试官的各种测试，以顺利通过面试考核，达到知己知彼、增加有效沟通的目的。

课后作业：

以小组为单位，每组通过网络收集各航空公司的企业文化、品牌定位、服务理念等相关信息，并以PPT的形式进行展示。

三、有效利用简历

目前多数航空公司在招聘的时候，都要求应聘者先在官网上投递简历，待航空公司筛选后，应聘者按照航空公司发来的面试邮件或短信通知等中的相关要求携带面试资料参加面试。简历筛选是应聘者的第一道关卡，所以一份出彩的简历是应聘者打开面试大门的"金钥匙"。

简历是对个人情况的介绍，可以展示应聘者的相关学习和工作背景以及能力。

（一）简历包含的模块

一份完整的简历应该包括六个基本模块。（见图3-1-2）

图 3-1-2 简历的基本模块

❶ 个人信息

个人信息包括姓名、年龄、身高、体重、视力情况等,一定要如实填写。如果简历上的信息与航空公司实际获得的信息不相符,则会给面试官留下不好的印象,很有可能会影响到后续的面试结果。如果要在个人信息中提供个人生活照,则要注意衣着和妆容要自然,不宜浮夸,照片须为正面、全身照,主要突出自己的气质和身材,切忌使用自拍照和个人写真。空乘岗位面试的简历需要包含应聘者的一寸免冠照片。

个人信息中照片的拍摄,绝对不能随便应付,而应该精心准备。首先,可以到专业的照相馆,请化妆师帮忙设计一个符合自身特点的职业妆容;其次,可以购买或租借一套质地上乘、大小合体、风格合适、彰显气质的职业装;再次,拍摄之前一定要养精蓄锐,将最佳状态呈现出来;最后,一寸照可选择完美证件照,准备三种背景色(白底、蓝底、红底),并且保存好电子版,以满足不同公司的面试资料需求。

❷ 教育背景

介绍教育背景目的是让航空公司能够清楚地了解你所就读的学校、所学专业、学历、是否有第二学历或者是否参加过职业资格培训等。一般情况下应从高中/中职阶段开始填写。

❸ 工作/实践经验

按时间顺序填写不同时期的职务等。没有工作经历的应届毕业生可以填写在校期间的社会实践情况,例如曾在某机场实习,曾在某公司做过会务接待等。可以挑选出1~2个能够突出自身优势的经历,且这些优势有助于更好地驾驭空乘工作,然后描写清楚你在这些经历中具体负责的工作、取得的成绩即可。多运用行为动词来描述你的经历,比如,完成、指导、检查、迎接、负责,等等。例如:2023年7月~9月在中国国际航空股份有限公司西南分公司地面服务部作为实习生,负责旅客值机引导、行李托运等工作。

❹ 技能特长

在这个模块中,要尽可能罗列出空乘岗位工作时需要的能力,比如服务能力、沟通能力、语言表达能力、团队协作能力以及安全和应急处理能力等,若有才艺方面的技能也一定要加进去,比如播音主持、舞蹈、声乐、绘画等。可以用精练的事例进一步证明以上技能,这会让技能特长更具有可信性。例如:在中国国际航空股份有限公司西南分公司实习期间,担任地面服务部值机员,能够及时处理误机、延误、行李损坏等特殊情况,得到了旅客和部门组长的认可,顺利完成暑运航班运营相关工作。

5 证书奖项

证书奖项是应聘者能力的体现,应列出与空乘岗位相关的专业技能证书或专项荣誉,比如获得教育部1+X乘务职业技能等级(初级、中级、高级)证书、地面客运员证书(初级、中级、高级)、普通话水平测试等级(一级甲等、一级乙等、二级甲等)证书、全国大学英语四/六级考试证书、民航乘务英语(初级、中级、高级)证书、红十字会救护员证书,以及茶艺师、礼仪师等证书。这些证书提高简历筛查通过概率。

6 自我评价

在简历的最后,可以简要概括自己的个性特点、职业目标和求职态度等,突出自己的优势。

完成以上六个基本模块的撰写后,特别要提醒的是,在你的简历中一定要包含与空乘岗位相关的描述,提炼关键词,以便人事专员在快速浏览你的电子简历时,能够迅速捕捉到这些关键词,从而提高简历筛查通过概率。

(二)简历制作应遵循的原则

简历制作应遵循以下原则:

1 简历要"简"

当你的简历写完以后,权衡一下,是不是能够在10秒钟之内看完所有你认为重要的内容呢?一般情况下,简历内容不宜过多,简历越长,被认真阅读的可能性就越小,高端人才有时可以准备一页简历,但也要在简历的开头部分简洁清楚地概述相关资历,以方便阅读者在较短时间内掌握基本情况,产生进一步阅读的兴趣。

2 简历要"真"

不要试图编造工作经历或者业绩,谎言不会让你走得太远,中国职业规划师协会会长洪向阳指出:大多数的谎言在面试过程中就会被识破,许多大公司在提供Offer前会根据简历和相关资料进行背景调查,但强调真实性并非是将自身的缺点和不足和盘托出,要知道优化不等于掺假。

3 简历要"明"

简历首先要方便阅读,简历排版时需要综合考虑字体、字号、行和段的间距、重点内容突出处理等因素;其次,一篇好的简历必须主题鲜明、中心突出、布局合理、逻辑清晰。比如,是应聘"外语教师",还是"外贸业务员",或者是"文秘",简历要全篇围绕一个主题,不要一篇简历看下来,面试官还不清楚简历作者适合和想要做什么工作,主要的可以多写,次要的可以少写或不写。

简历制作完成后,应反复检查有无书写或拼写错误,有无标点符号错误,有无格式错误,有无语法错误,有无时态错误,有无前后逻辑错误,也可以先打印出来看看效果,再进行修改,因为很多错误可能在电脑上看不出来。

做简历时的注意事项:第一,简历的"简"是言简意赅的意思,唯有简要、突出重点才能被别人记住;第二,简历的"历"是经历的"历",简历要基于事实,在有限的篇幅里多加上一些真实的数据、成果、取得的荣誉等。

归纳起来,简历要突出两点:一是,你是优秀的;二是,证明第一点成立。

(三)趋利避害,打造完美简历

人无完人,但我们在做简历时,应在保证简历真实性的基础上,最大限度地展示自己的优势。

❶ 学习成绩不好

首先要明确一点,大多数公司在招聘应届生的时候,学习成绩固然是一个重要考核指标,但它不是决定性的,航空公司更看重综合素质及能力,除非某些公司有学习绩点要求。若应聘者学习成绩一般,建议其将相关的核心课程、相对高分的课程写到简历的教育背景板块中。

❷ 缺少工作经验

缺少工作经验是应届生的通病,可以在简历中突出参加过的社团、学生会的实践活动,如果没有这些实践经历,可以强调个人技能、快速适应能力和学习能力,并且从现在开始多去参加活动以增加经验。如果到毕业时还是没有相关工作经验,可以在简历的工作技能中强调勤奋刻苦,同时你也可以表达愿意挑战困难的决心,例如能够接受出差或外派,这样可以争取到一些机会。

❸ 缺少英语相关技能证书

如果没有航空公司所要求的英语相关技能证书,可以展示你的口语能力,还可以从现在开始抓紧时间学习,早日拿到要求的英语技能证书。

❹ 学校没有名气

不要因为就读于相对普通的学校就对自己产生怀疑,在求职中,不能输在自信心上。我们就是要做普通人中的精英。

任务二 面试中——应对阶段

任务导入

通过面试最终得到一份工作,这是你求职计划的终极目标。一般而言,参加面试的人是被认为有能力胜任这个岗位的;问题的关键在于应聘者的整体素养是否与工作匹配,各大航空公司都在寻找最合适的空乘人员。面试官与应聘者依据各自的沟通技巧、判断力、直觉和洞察力做出评判,这是一个双向的过程。当你被选择的时候,你也应该去选择工作以及提供这份工作的人。面试是信息的双向交流。

一、第一印象的重要性

形象展示是空乘面试中非语言沟通的第一个关卡。你的服饰不仅对你的面试至关重要,也是你提升自信的最直接的方法。

空乘岗位面试比较注重应聘者的整体形象,大多数航空公司在面试时都会有形象展示的环节,那么,这个环节,面试官到底考核的是什么呢?真的只看颜值、身材和着装吗?其实,面试官看中的是应聘者的气质。

气质是由内而外散发的,是应聘者举手投足透露出来的学识修为、道德涵养等。所以,在面试第一关进行非语言展示的时候,要给面试官温柔且坚定的眼神,一般采取"三点柔视法",即将眼睛的焦点集中到面试官眉眼和鼻子的倒三角区域,进行一些眼神上的沟通;给面试官一个真诚且有亲和力的微笑;保持稳定的情绪,如果应聘者感到紧张,可以提前进行情绪管理的练习,通过深呼吸调整自己的情绪,不断给自己心理暗示,让自己更加从容、更加自信。

二、暗藏玄机的自我介绍

在海选或初试环节,面试官一般都会要求应聘者做简短的自我介绍,可能要求用中文表述也可能要求用英文表述,时长一般为1~2分钟。面试官根据应聘者做的自我介绍进行后续的提问。一个好的自我介绍能让面试官对应聘者产生好感,从而让面试官对介绍内容感兴趣,这样才有机会进入下一关。在构建自我介绍的结构时,需要遵循"3W原则"。

Who:我是谁(基本信息)。
What:我能带来什么、我的特点是什么(突出优势、个人价值)。
Why:我为什么要来参加面试(表达愿景、自身与公司的契合点)。

(一) Who——基本信息

基本信息可以让面试官对应聘者形成初步了解,包括应聘者的年龄、身高、体重、学历、英语等级证书等。对于空乘岗位面试来说,本科以上学历、英语等级证书、相关职业资格证书、飞行经验、普通话二级甲等以上证书、小语种证书等相关技能证书都是加分项。

示例:

面试官您好!我是×组×号,身高××厘米,体重××公斤,2023年毕业于××学校××专业,已获得全国大学英语四级考试证书。

(二) What——优势、价值

突出优势,也就是比别人更适合这个岗位,可以包括爱好、特长、学校社团经历、实习经历、工作经验等，重点突出与空乘岗位相关性较大的能力和品质，如善于沟通、具有亲和力、乐于助人、有耐心、有爱心、为他人着想、热情大方、考虑周全、适应新环境的能力强、有责任感、服从指挥、细心谨慎、守时等。

示例：

  在担任校学生会主席期间，我成功策划了多项学院活动。具有良好的团队协作精神和较强的管理组织能力。

  我通过了钢琴八级考试，在学习钢琴的六年里，我持续精进，正像乘务工作一样，能力的提升需要时间的沉淀和积累。

（三）Why——愿景、契合点

表达愿景可以唤起别人对你的兴趣，比如你想成为空乘人员，想进入××航空公司等。

示例：

  空乘人员就是摆渡人，用自己的专业知识与技能呵护每一个回家的人。我喜欢通过帮助别人获得职业成就感，更希望能在贵公司这样的大平台不断学习和提升自己。今天我站在这里寻找我的伯乐，希望各位老师能赋予我飞翔的翅膀！

自我介绍是对简历当中无法体现出来的个人信息进行的深入、立体的展示。在有限的展示时间内，我们要学会严格筛选信息。

空乘面试30秒自我介绍参考：

  面试官好！我身高××厘米，体重××公斤，毕业于××大学××专业，已获得全国大学英语四级考试证书。在校期间，我的专业成绩排名为年级前三。在××（航空公司或机场）实习期间，我积累了对客交流与特殊旅客服务等相关经验。因为热爱所以努力，希望面试官能给我一个机会，谢谢！

空乘面试60秒自我介绍参考：

  面试官好！我身高××厘米，体重××公斤，××年毕业于××大学××专业，已获得四川省大学英语新三级考试证书，正在备考全国大学英语四级考试。我的特长是舞蹈，有学习现代舞10年的经历，曾获得××比赛一等奖。在校期间我一直担任班长一职，我能够协助老师做好班级管理，能够热心服务同学，多次成功组织多个班级活动，因表现优异荣获校级"三好学生"和"优秀班干"等称号。

我善于沟通,乐于助人,积极参与××等社会实践。希望能加入××航空公司,进而实现自我价值,期望得到各位老师的认可,谢谢!

三、知己知彼,提升回答技巧

(一)回答技巧之注意事项

"1号,你打篮球打的是什么位置?能得多少分?得分在全队得分占比多少?"在海南航空西安站的空乘岗位招聘现场,面试官向一位应聘者即兴提问。

即兴问答是最常见的问答形式。根据应聘者简历或者自我介绍中的描述,面试官会选取一些切入点进行深入了解,即兴问答形式可以考查应聘者的语言表达能力、反应能力和综合素质。在进入考场前,要做好相对充分的准备。

在参与即兴问答时,要注意以下几个方面。

(1)认真聆听面试官的讲话,保持微笑,用肢体语言、眼神进行回应以表示自己在认真倾听。

(2)面试官提出问题后,应聘者不要急着回答,应先思考几秒钟,从辩证的角度宏观地审题,然后组织语言,要注意语言的逻辑性,同时尽量采用分点的方式进行回答。

(3)掌握适当的沟通技巧,表述时应口齿清楚,音量适中,语速适中,用词文明,不要使用口头禅,应使用礼貌用语,将每句话说得清楚、明白。

(4)遇到自己不懂、不会的问题要态度端正,虚心承认,不要不懂装懂,真诚在面试问答环节是最有用的。如果没弄懂面试官的问题,应礼貌地请面试官重述。对于因为紧张而出现的小失误,则不必放在心上,因为在这样的场合,小紧张是正常的,只要快速调整状态,整体发挥没有太大偏差,就没问题。讲错话是可以补救的,所以不要提早放弃,应该振作起来,继续回答其他问题。

(5)在面试中,要避免机械式的一问一答,否则会给面试官留下刻板、不够灵活的印象。问答的本质是面试官要建立对应聘者的全方位认知。应聘者可以通过主动建立对话与打招呼的方式,也可以主动反馈,注意回答的全面性和延展性,切忌用"挤牙膏"的方式回答问题,要让面试官给出积极正向的反馈。

(二)反向思考,学会归纳

很多应聘者最为恐惧的就是复试环节的提问,觉得无从准备,回答时会非常紧张,无法发挥正常水平,进而遗憾止步于复试,之后总结失败教训的时候又懊悔不已。如果我们细心复盘,总会发现一些规律。通过分析汇总,编者把面试的问题归纳为以下三大类别:

❶ 个人信息及三观类问题

这一类的问题是围绕应聘者的基本情况,及其价值观、人生观、世界观而设计的,目的是考查应聘者是否符合招聘岗位的素质要求,这一类问题也是提问中最基本的问题。

例如：

你为什么想成为一个空乘人员？

（1）在表达对职位的热爱的同时，一定要表现出对这个职位的客观认知。如果仅仅抱有美好的幻想，则很难被认可。

（2）不应是单一从自己的喜好的角度进行表述，而应该结合自身与职位相契合的特质，这样才能让面试官看到针对这个岗位你的优势，并且相信你能做好这份工作。

你为什么会选择我们公司？

（1）面试前要做好功课，了解所应聘的航空公司的企业文化、业内口碑、服务理念等。

（2）从行业、企业和岗位这三个维度来回答，实事求是地说出几点原因。

你的优点或者缺点是什么？

（1）回答优点时，一定要与所应聘的空乘岗位有所关联。

（2）回答缺点时，要尽量选择正在改正或者已经想好改正方案而同时对应聘岗位没有太大影响的缺点来讲。总之，要坦诚地回答，并给出解决方法。

（3）回答的缺点也可以是在特定的环境下可以转化成优点的缺点，要让面试官看到你的发展潜力。

模拟面试
视频案例

个人信息及
三观类问题

2 客舱两难类问题

这一类的问题属于开放式问题，即没有正确的答案，只有较为恰当的处理方式。这类问题重点考查应聘者处理问题的能力，同时通过你的处理方式，面试官也可以间接了解到你的价值观，从而判断你的能力是否匹配该公司的用人标准。

例如：

飞行过程中安全和服务哪个更重要？

（1）要牢记"三个敬畏"精神，空乘人员的使命是保证人机安全，要带有责任感和使命感去回答这一类问题。

（2）服务工作是在安全的前提下完成的工作，在当今竞争激烈的市场环境下，可结合每家航空公司的企业文化、品牌定位、服务理念去回答。

如果有两家航空公司同时录取你，你会选择哪一家？

（1）首先适当展示自己的优势，委婉表示自己比较受欢迎，比如"感谢两家公司我的信任和肯定，我非常高兴得到认可"。

（2）表达自己更倾向于当前面试的航空公司，因为你更认同当前这家航空公司的企业文化(用到之前准备的企业文化的相关信息)。

如果发餐发到最后一排时只有一种餐食了,旅客不接受,该怎么处理?

(1)首先要向旅客道歉,摆正自己的心态,让面试官看到应聘者的态度。

(2)寻找解决方案,例如是否有备份餐或者富余的餐食,积极解决问题是面试官希望看到的。

(3)解决后及时通报乘务长及全组成员,加强对该旅客的关注。这点考查的是应聘者的沟通能力及特殊旅客服务能力。

客舱两难类问题

❸ 社会热点共性话题

这一类考题出现的概率较小,通常出现在终试环节,目的在于考查应聘者对社会的关注度、逻辑思维水平、语言组织能力、问题处理能力等综合素质。

例如:

如何看待茅台与瑞幸的联名行为?

(1)这是一次传统行业的创新行为,所以在回答的过程中要重点突出创新,从而展现应聘者的创新思维。

(2)茅台与瑞幸合作的最终结果是双赢。因此,第二个解读角度就是双赢,可以对具体到航空公司与旅客、航空公司与空乘人员,从多个角度的双赢进行解读。

社会热点共性话题

小练习:

分组收集不同类型的问题,第一组给第二组出题,第二组来回答,第一组扮演评委进行打分,看看哪一组的回答最全面。

❹ 回答技巧思维导图

应聘者应做到以不变应万变,总结归纳答题思路和方法,以此来应对不同情境下的不同问题,同时,要学会思考和总结,切忌千篇一律、套用公式。

面试中常见问题的回答思路列举如图3-2-1所示。

个人信息及三观类	客舱两难类	社会共性话题类
个人基本情况类思路 ·优势：证书、职务、特长 ·劣势：后续的改善计划 ·要求：简明扼要 言简意赅 个人三观类思路 ·个人观点 ·企业文化契合点 ·个人价值 ·思政升华	安全类思路 ·安全第一　发现问题 ·解决方案　后续弥补 服务类思路： ·安全第一　服务并重 ·有效沟通　解决方案 ·后续弥补　危机公关	孰对孰错不能一概而论 ·分析现象 （道德层面、法律层面） ·解决方案 （自身行为、如何影响） ·期待结果 （和谐社会、法律社会） 问题具化 (社会现象→客舱现象 →解决方案→企业文化 →个人优势→个人价值）

图 3-2-1　常见问题的回答思路列举

四、合理运用肢体语言

（一）手有时比嘴还会"说话"

手是会"说话"的，法国艺术家罗丹说过，手有时比嘴还能"说话"。我们在求职过程中，应当利用手势的特点，最大限度地发挥手势在非语言沟通中的作用。在运用手势时要注意如下几点：

① 要适合

所谓"适合"，一方面指说的意思要与手势所表示的意义匹配，这是质的适合；另一方面是手势使用多少要合适，这是量的适合。

② 要简练

每一个手势，都要力求简单、精练、清楚、明了。

③ 要自然

手势贵在自然，动作必须舒展、大方，切忌呆板、僵硬，甚至做作。

④ 要协调

手势要与声音、姿态、表情等密切配合。只有协调的动作才是优美的动作。

（二）让姿态尽显风采

在非语言沟通中，人们还会用身体的运动姿势传达信息或强调所说的话。我们把人体的躯干部位所发出的信息称为"姿态语"。姿态语要注意以下几个方面的内容。

1 上身

姿态语的信息发射区主要人的躯干部分,而上身又是姿态语的最显著的部位,因此要双肩平稳、胸部挺起,好的身姿会为你打造良好的第一印象。除此之外,一举一动应该符合美的韵律,举止优美。

2 腿姿

有些人会习惯性地将焦躁不安的情绪表现在腿部动作上,如轻轻地摇动脚腕或抖动腿部,切忌这样做。请采用标准的空乘人员的站姿、坐姿,这样才能更加突显你的气质和风度。

3 距离

应聘者与面试官的距离可保持在1米左右,这个距离是双方都会比较舒适、自在的距离。

五、别在细节上丢分

参加航空公司的面试,要在一些细节上多加注意,避免疏忽,如进入考场前先敲门,进入考场后轻轻关上门,见到面试官时点头或微笑示意等。

任务三　面试后——总结阶段

任务导入

面试结束并不意味着求职结束了,不管成功与否,都应该复盘这次面试的全过程。

一、面试后,需要总结的内容

在面试结束后,需要及时记录一些信息和问题,为下一场面试积累经验。记录的内容可以包括以下几点:

(1)面试的日期、航空公司名称、岗位竞聘现场的情况。
(2)自己的妆容、衣着、表情以及谈吐是否出现问题。
(3)自我介绍是否有吸引力,是否恰当表达了自己对这个岗位的热情。
(4)问题回答得是否得体,用词是否准确,是否有亮点。
(5)面试过程中是否表现得沉着、自信。
(6)哪些方面表现得好,哪些地方表现得不好。
(7)思考同组中其他优秀应聘者是如何展现自己的。

（8）可以通过情景再现的方法把面试的整个过程推演一遍，然后评判自己的整体表现。

二、面试成功，需要自我总结

如果你顺利通过空乘岗位面试的初试、复试甚至终试，最后获得了心仪的工作，你也有必要进行自我总结，在总结成功经验的同时弥补不足。进入航空公司后，也可以找机会与当时的面试官进行交流，以便不断完善自己。

三、面试失败，更需要自我总结

有些应聘者可能还没进入心仪的航空公司，也有应聘者可能在屡次的面试失败后，自信心受损。这个时候，我们唯一能做的就是反思，进行总结，提升能力，用执行力去打败挫折，调整心态，积极投入到新的面试、新的生活和新的体验中。

想一想

审视现在的自己，看看自己身上有哪些空乘岗位要求必须具有的能力？自己有多少空乘岗位要求的资格证书？如果存在不足，应该怎样提升自己？

任务演练

1. 你可以通过模拟面试练习和充分准备面试中的常见问题，增加面试成功的概率。你要从过往的经验中找到具体的实例来支撑你的答案。这样有策略、有针对性的准备能提升你的竞争力。

2. 请结合下面的面试表现评价表进行模拟面试练习。

面试表现评价表

姓名：＿＿＿＿＿＿＿＿

项目	评价				点评
	非常好	不错	一般（可以更好）	有待提高	
开场陈述（印象）					
目光接触					
站姿或坐姿					
整体形象（妆容、衣着）					
描述过往工作、教育、培训经历的能力					

续表

项目	评价				点评
	非常好	不错	一般(可以更好)	有待提高	
说明技能、技巧、过程和步骤的能力,强调与工作相关技能的能力					
说明个人目标、兴趣和期望的能力					
回答或陈述有关航空公司和空乘岗位职责问题的能力					
聆听面试官的问题,并做出回应的能力					
表达方式(语音、声调、音高、音量、语速)					
肢体特殊习惯(面部表情、手势)					
对岗位的热情和兴趣					
态度(积极与否)					
总体印象(是否会聘用此人)					

项目小结

  本项目主要向读者介绍了空乘岗位面试的整个过程,以及提高面试成功概率的一些技巧,并分为三个阶段进行梳理。希望读者学习完本项目的内容后,能够根据自身情况,制作出能完美展示自己的简历,针对自我介绍及面试问答环节进行充分的准备。

项目四　国内航空公司空乘岗位招聘英语测试部分详解

- **知识目标**

　　（1）了解国内航空公司空乘岗位招聘英语测试概况。
　　（2）了解国内航空公司对于空乘人员的英语素养要求。
　　（3）熟悉国内航空公司的英语测试流程、内容。
　　（4）掌握应对国内航空公司空乘岗位招聘英语测试技巧。

- **能力目标：**

　　（1）具备国内航空公司空乘岗位招聘所要求的英语语言能力。
　　（2）具备国内航空公司对于空乘人员的基本素养要求。
　　（3）掌握具体面试环节的题型及应对技巧，做到心中有数。

- **素质目标：**

　　（1）培养国际空乘人才所应具备的国际视野。
　　（2）培养航空公司空乘人员所应具备的多元文化适应力。
　　（3）培养航空公司空乘人员所应具备的外语交际能力。

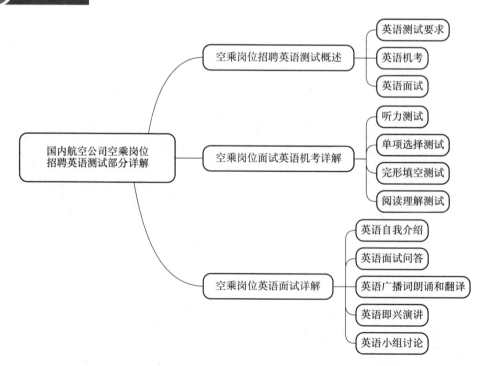

 **项目引入**

英语测试是航空公司选拔空乘人员的重要环节之一。这一测试旨在评估应聘者在英语的能力,以确保他们能够胜任国际航班中的沟通和服务工作。空乘人员在飞行过程中需要与不同国籍的旅客进行交流,处理紧急事件,以及提供高水平的旅客服务,因此英语能力对于他们的工作影响极大。

本项目深入介绍空乘岗位招聘英语测试的形式、内容和具体要求,探讨中国航空公司对应聘者英语能力的要求,并且详细介绍英语测试中机考和口语考试的题型和要求,包括听力、单项选择、阅读理解和口语对话等题型,以及相应的备考技巧。另外,本项目对具有代表性的三大航空公司的英语测试真题进行了备考解析。

任务一　空乘岗位招聘英语测试概述

 **任务导入**

想象一下,你正在飞越壮丽的云层,穿越不同的时区,作为一名空乘人员,你的工作不仅是确保旅客的安全,还包括为他们提供优质的旅客服务,因此,一口流利的英语是必备的技能。

空乘岗位招聘中的英语测试不仅是一次展示你英语能力的机会,还是一次展示你在压力下与旅客和团队协作的能力的机会。本任务将全方位、深入地介绍空乘岗位招聘英语测试的相关内容,以帮助应聘者自信地应对挑战。

一、英语测试要求

在国内,不同的航空公司对空乘人员的英语水平有不同的要求,但都要具备一定的英语交际能力。

无论是提供飞行指示、满足旅客的需求,还是在紧急情况下提供明确的指导,流利的英语表达至关重要。除了与旅客的交流,空乘人员还需要与机组人员协作,确保飞行顺利行进。

英语测试要求不仅包括口语表达能力,还包括听力理解和书面表达能力,旨在全面评估应聘者的英语水平。

除了常规考试,部分航空公司还会有相关的英语水平等级证书的要求。

中国南方航空在招聘"明珠之蓝"精英乘务员时,要求提供相关外语证书,具体如下:

英语类(下列五项满足其中之一即可)
① 通过全国大学英语六级(CET 6)及以上考试。
② 通过英语专业四级(TEM 4)及以上考试。
③ 托业考试成绩在650分(含)以上。
④ 英语新托福考试成绩在60分(含)以上。
⑤ 英语雅思考试成绩在6.0分(含)以上。

厦门航空的"白鹭之星"精英乘务员要求取得以下任一种证书：

英语专业
通过英语专业四级(TEM 4)及以上考试。
非外语专业
① 全国大学英语六级(CET 6)考试成绩在430分及以上。
② 英语雅思考试口试成绩在6.0分(含)以上，其他单项成绩在5.5分(含)以上。
③ 英语新托福考试成绩在68分(含)以上。
④ 托业考试成绩在650分(含)以上。

深圳航空空乘岗位招聘说明中要求：专科持有大学英语新三级及以上证书者优先；本科要求提供以下任一外语等级(成绩)证书。

① 全国大学英语四级(CET 4)考试成绩在425(含)分以上且托业考试听力阅读考试成绩在605分(含)以上。
② 全国大学英语六级(CET 6)考试成绩在425分(含)以上。
③ 专业英语四级(TEM 4)考试成绩在60分(含)以上。
④ 专业英语八级(TEM 8)考试成绩在60分(含)以上。
⑤ 英语雅思考试成绩在5.5分(含)以上。
⑥ 英语新托福考试成绩在60分(含)以上。

  部分航空公司对特定空乘人员有英语证书的要求，但国内大部分航空公司无硬性要求，一般为"具有良好的英语口语水平""外语口语较为流利""日常交流基本无障碍"。由此可见，在普通空乘岗位招聘中，英语等级证书并不是空乘岗位面试成功与否的决定性因素。
  空乘岗位招聘中的英语测试常表现为两种类型，即机考和面试。机考是在电脑上进行听力、阅读理解等测试，考试题型和内容不定。面试主要是英语口语测试，常见题型有英语自我介绍、英语问答、英语广播播报等。
  总体来说，无论空乘岗位招聘中的英语测试为哪种形式，都会对应聘者的英语有如下

要求:

(1) 英语听力能力:能听懂旅客的要求和指示,并能够将其准确地传达给乘务组和机组人员。

(2) 英语口语能力:能够用流利的英语与旅客交流,并协助其解决问题。

(3) 英语阅读能力:能够看懂并理解相关规则制度等,并能够准确执行。

(4) 英语写作能力:能够准确地填写相关文书和撰写报告。

(5) 文化素养:能够了解各国文化差异,尊重和理解不同国家的文化需求,实现良好的跨文化沟通和交流。

(6) 服务意识:能够用英语为旅客提供高质量的服务。

二、英语机考

根据各个航空公司的具体安排,英语机考通常有手机答题和电脑答题两种形式,二者的区别是,手机答题没有听力部分,电脑答题则涉及听力内容。请注意,涉及听力的部分通常会要求应聘者自带耳机。

1 英语机考要求和目的

英语机考主要是为了了解应聘者是否有能够与旅客和机组成员顺畅沟通的英语水平,以及在任何情况下提供优质客户服务的能力。这包括了解并遵守国际航空安全标准、妥善处理紧急情况,以及在飞行期间与各种旅客群体互动。因此,英语机考是航空公司选拔空乘人员的重要环节,是确保飞行安全和满足旅客需求的关键步骤。

2 英语机考常见题型

(1) 听力测试。

在听力测试中,应聘者需要听不同语境下的录音材料,形式有独白、对话和短文等,内容较为通俗易懂,有的航空公司会选取托业考试素材,近年来部分航空公司的听力材料开始趋向选择航空专业知识相关资料,包括旅客的请求、飞行指示以及紧急情况下的指导等,要求应聘者在听完材料后理解文段并正确回答相关问题。

(2) 单项选择。

这类题型通常是考查应聘者的英语语法水平和词汇运用能力,常见考查内容包括介词搭配和词汇辨析等。

(3) 阅读理解。

阅读理解部分要求应聘者阅读和理解相关英语文本,并回答相关问题,主要考查应聘者的阅读理解技能。

(4) 写作测试。

在写作测试中,应聘者可能需要完成一些书面任务,例如填写旅客报告、机舱通告,撰写客户服务邮件,主要评估应聘者的书面表达能力。

三、英语面试

英语面试常常在英语机考通过以后进行,旨在评估应聘者的英语口语表达能力、沟通技巧和职业素养。

1 英语面试要求和目的

英语面试的要求和目的是确保应聘者能够在高度多元化的工作环境中顺利开展工作。空乘人员需要与不同国籍、文化背景和语言能力的旅客进行沟通,同时在紧急情况下冷静应对,提供优质的客户服务。因此,面试不仅是测试应聘者的英语语言能力,还测试其应变能力、沟通技巧和职业素养。

2 英语面试常见题型

(1) 自我介绍。

面试开始时,应聘者通常需要用英语进行自我介绍,内容包括个人信息、教育背景和职业目标,需要表达清晰流畅。

(2) 英语问答。

英语面试中的一个关键部分是测试应聘者的口语表达能力。应聘者可能会被要求回答一些问题,内容可能是简单的日常话题,也可能是常见的面试问题。

(3) 情景题目。

英语面试中可能会有情景题目,要求应聘者与由面试官扮演的旅客或航空公司同事进行互动,旨在评估应聘者在特殊情况下的应变能力和服务态度。

(4) 朗读广播稿。

朗读广播稿是英语面试中的常见题型,旨在考查应聘者的英语发音情况。

(5) 英语辩论。

这类题型较为少见,要求应聘者针对抽到的话题用英语展开辩论,旨在考查应聘者的英语口语表达能力和逻辑思辨能力。

任务二　空乘岗位面试英语机考详解

任务导入

英语机考环节是空乘岗位面试的重要环节,有时候甚至是决定面试考核成功与否的关键一环。有数据显示,在中国东方航空多次空乘岗位招聘考试中,英语机考环节是应聘者淘汰率最高的环节,高达80%。可见,在空乘岗位面试考核中,英语机考的分量不可小觑。

前面简单介绍了英语机考的题型和要求,本任务将深入剖析国内航空公司空乘岗位面试英语机考环节的题型和解题技巧,结合对中国东方航空、中国南方航空和海南航空三大航空公司的样题分析来帮助应聘者掌握英语机考备考策略,使应聘者能够顺利通过英语机考环节的考核。

英语机考环节的常见题型有听力、单项选择、完形填空、阅读理解。

以中国南方航空为例,从其2024年的招聘简章来看,它对于空乘人员没有英语证书方面的要求,但面试的笔试环节包含英语测试。中国南方航空的英语笔试通常为机考形式,考试流程包括:考场的工作人员先核对应聘者的身份证等信息,并对信息无误的应聘者进行拍照,应聘者在领取完考号后,坐到对应的座位上。在英语测试前,电脑会播放一段英语试音音频,应聘者可以根据该试音音频调节耳机的音量大小,然后静等考试。自2021年开始,中国南方航空面试机考采用自编题目,包括30道听力题、1篇完形填空(10选8)和2篇阅读理解,一共50道题,每题2分,满分100分,60分及格,考试时间为45分钟,听力部分分值占60%,完形填空和阅读理解部分分值占40%。

一、听力测试

❶ 测试要求

要求应聘者能听懂关于日常生活、乘务工作相关内容的英语会话,能理解大意,了解说话者的态度、情感和意图。

❷ 测试形式

各航空公司有不同形式的听力测试,总体来说,有如下几种形式:图片描述题(听独白选择能描述图片的最佳选项)、应答题(听问句选择最佳答句)、对话听力理解题(听对话从所给的选项中选出最佳答案)、短文听力理解题(听完一段短文独白后从所给的选项中选出最佳答案)。

❸ 题型特点

听力内容涉及面较广,但大多属于日常交际和社会生活方面的话题,少部分涉及空乘岗位知识。词汇量要求不高,语调变化丰富,语速适中。

❹ 答题技巧

(1) 提前浏览题目,预测内容。

在听力播放前,可以利用间隙时间大致浏览题目,并对音频内容做出预测。

(2) 提取关键词。

在播放听力指令时,应聘者可以直接跳到题目部分,依序浏览选项,并提取选项中的关键词,做好预测,从而提升听力测试的答题效率。

(3)区分选项,注意细节。

在听力理解题型中,常常有偷换概念、无中生有、模棱两可的干扰选项。应聘者要注意把握细节,仔细读题,避免被干扰。

(4)分析思辨,归纳推理。

在听力测试过程中,如果答案不能确定,要选择更具推理意义的选项。

(5)紧跟音频。

在听力测试过程中,考生应全神贯注,集中精神,当遇到某一题未听懂时,不能过于纠结,要紧跟音频的播放内容,关注下一题,否则会因小失大。

样题练习及解析

(1)图片描述题。

Directions: For each question in this part, you will hear four statements about a picture in your test book. When you hear the statements, you must select the one statement that best describes what you see in the picture. Then find the number of the question on your answer sheet and mark your answer. The statements will not be printed in your test and will be spoken only one time.

指导:在这个部分的每个问题中,你将听到关于试卷上一幅图片的四个陈述句。当你听到这些陈述句时,你必须选择能够描述图片内容的陈述句。请你找到正确的选项编号并在答卷上标记你的答案。这些陈述句不会显示在试卷上,只会朗读一次。

范例题

Statement C — "They are sitting at a table" is the best description of the picture. So you should select answer C and mark it on your answer sheet.

1

2

3

4

5

6

音频

图片描述题

1.【听力原文】

A. He's fishing off the boat.

B. He's driving a sailing ship.

C. He's wearing a pair of sport shoes.

D. He's bending over to pick something.

2.【听力原文】

A. The woman is emailing a friend.

B. The woman is clearing off the desk.

C. The woman is sitting in front of a laptop.

D. The woman is writing something on a notebook.

3.【听力原文】

A. She's looking through some papers.

B. She's observing something.

C. She's working in a school lab.

D. She's stirring some liquid with a stirring rod.

4.【听力原文】

A. They're trying new clothes on.

B. They're shopping in a street.

C. They're paying in cash.

D. They're waiting in a line.

5.【听力原文】

A. The dishes are stored in the cupboard.

B. The food is displayed on the table.

C. The table has been cleared.

D. The spoons are arranged by chopsticks.

6.【听力原文】

A. The woman is carrying a baby.

B. They are strolling on the street.

C. The man is pushing a stroller.

D. The man is controlling the child

破题技巧：

这类题一般只要听懂句子都能选对答案，因为错误选项与图片信息相关度较低，因此干扰性不强，应聘者只要提前看图并仔细听句子，抓住关键描述信息，题目即可迎刃而解。

【答案】1—6：A C B D B D

（2）应答题。

Directions: You will hear a question or statement and three responses spoken in English. They will not be printed in your test book and will be spoken only one time. Select the best response to the question or statement and mark the letter A, B, or C on your answer sheet.

指导：你将听到一个问题或一段陈述以及三个用英语说出的回应。这些问题和作答不会显示在你的试卷上，只会朗读一次。请选择最佳作答并在你的答卷上标记字母A、B或C。

应答题

1.【听力原文】

Why don't you invite John to your party?

A. No, he isn't.

B. Sure, I will be there.

C. That's a good idea.

2.【听力原文】

Who is going to attend the gathering tomorrow?

A. Everybody will be there.

B. The gathering is going to be great.

C. To celebrate our wedding ceremony.

3.【听力原文】

Tom used to work in marketing, didn't he?

A. I have used it.

B. No, it wasn't on sale.

C. Why not ask him?

4.【听力原文】

I will register for the International Marathon next week.

A. Yes, when is it?

B. Great, is it your second time?

C. No, I didn't want to try.

5.【听力原文】

When will the bus arrive?

A. It may arrive any minute.

B. I go there twice a week.

C. The bus is usually empty at noon.

6.【听力原文】

How many dishes should we order, 6 or 8?

A. Eight is too many.

B. At the back desk.

C. I'm going to pay in cash.

7.【听力原文】

Could you please proofread these invoices?

A. It is a good book, and it is very cheap.

B. No, he isn't our sales manager.

C. OK, I'll check them right now.

破题技巧：

这类题主要考查应聘者的口语交际水平,问答类型属于口语交际问答范围,应聘者首先要听懂问题,并熟练掌握问答套路,如以What、When、How、Where、Why等疑问词引导的特殊疑问句的回答,常见的一般疑问句如以be动词、情态动词开头的问句的回答,应聘者都需要在考前多加练习。

【答案】1—7：C A C B A A C

（3）对话听力理解题。

音频
对话听力
理解题

Directions: You will hear some conversations between two or three people. You will be asked to answer three questions about what the speakers is saying in each conversation. Select the best response to each question and mark the letter A, B, C, or D on your answer sheet. The conversations will be spoken only one time.

指导:你将听到两到三个人之间的一些对话。在每个对话中,你要回答三个问题,选择其中的最佳回答,并在你的答卷上标记字母A、B、C或D。这些对话只会朗读一次。

Conversation 1

1. What is the relationship between the speakers most likely?

A. Colleagues.

B. A teacher and a student.

C. Husband and wife.

D. A boss and his staff.

2. When will the meeting end?

A. Uncertain.

B. 9:00 p.m.

C. In six minutes.

D. 6:00 p.m.

3. What are they planning to do when the meeting ends?

A. Go shopping.

B. Try some new food.

C. Go to see a music concert.

D. Have some coffee.

Conversation 1【听力原文】

Man: Hello, honey. When will your meeting finish?

Woman: It's supposed to end at six, but we are discussing the new shampoo campaign, so it will take a while.

Man: Call me when you finish. I'll pick you up at your office and then we can head to dinner. There is a new Thai restaurant I want to try.

Woman: Now you are making me hungry. I can not wait to see you. See you soon.

Conversation 2

4. What is wrong with the man's computer?

A. His computer's systems needed to be improved.

B. His computer is too slow.

C. His computer is too old.

D. His computer was stolen.

5. Why does the woman recommend Philips' electronics?

A. Their products are not very expensive.

B. There are so many clerks.

C. The location is close to the man's house.

D. They offer good technical assistance.

6. What does the woman advise the man to do?

A. Bring the old computer to the store.

B. Sell the old computer to his classmates.

C. Buy her computer in low price.

D. Copy the documents of the old computer.

Conversation 2【听力原文】

Man: My computer is so slow that I can't work on this report. It's driving me crazy. I think it's time to buy a new one.

Woman: You should try to go to Philipss electronics. That's where I got mine last year. They're very helpful, and they have the best technicians in town.

Man: That's good information. I always have some problems with computers.

Woman: Oh, and when you go, don't forget to take your computer with you. They'll copy its contents onto your new one.

破题技巧：

先读题预测选项，画出选项的关键词，听的时候紧跟原文，通常出现原文相关关键词的选项即正确选项。

【答案】1—3: C A B

　　　　4—6: B D A

(4) 段落独白理解题。

Directions: You will hear some short talks given by a single speaker. You will be asked to answer three questions about what the speaker is saying in each short talk. Select the best response to each question and mark the letter A, B, C, or D on your answer sheet. The talks will not be printed in your test and will be spoken only one time.

指导：你将听到一段独白。你将被要求回答关于每个对话中说话者所说内容的三个问题。选择对每个问题的最佳回答，并在你的答卷上标记字母A、B、C或D。这些对话不会显示在你的试卷上，只朗读一次。

Passage 1

1. What is the job of the speaker?

A. A personal assistant.

B. A city guide.

C. A clerk of a shop.

D. A tourist.

2. Where will people have their lunch?

A. At one attraction.

B. On a boat.

C. Beside a shopping mall.

D. In a church.

3. What should the listeners do while shopping according to the speaker?

A. Bargain hard with the shopkeepers.

B. Be guided by a local person.

C. Pay in credit card.

D. Tip the shopping aides.

Passage 2

4. Where does the speaker probably work?

A. In a travel company.

B. A scientific agency.

C. In a college.

D. In a radio station.

5. What is the subject of this talk?

A. An economics meeting.

B. A scientific discovery.

C. A newly-found attraction.

D. A big construction plan.

6. What will the local community benefit from this discovery?

A. More employment chances.

B. More tourists.

C. More factories.

D. More universities.

音频

段落独白
理解题

Passage 1【听力原文】

Hello everyone and welcome to the town of Brantford. I am Phillip and my job today will be to show you the sites and attractions of this fascinating city. We will start the day off by visiting the glorious rosa tower. After that, we will visit the oldest church in Brantford. From there, we will walk along the Foster River and have lunch on a cruise ship restaurant where you can view the pleasing scenery of the river. At the end of the day, we will go to the towns shopping area. Once there, each of you will be accompanied by a personal shopper who will help you find what you want and help you negotiate a good price. And please remember to tip these aides after you've done your shopping.

Passage 2【听力原文】

And to close tonight's broadcast we have this item from the central part of the country. scientists of Granville Community College made yet another discovery of bones and other animals fossils of the ice age. The scientists uncovered the bones when they were digging near the site of a similar find made just last year. Besides being of scientific interest, these discoveries are expected to help the local economy as they attract researchers and tourists to the area. The nearby community of center city also expects to see lots of new job openings because of the plans to build a new museum near the discovery site.

  破题技巧:

  先读题预测选项,画出选项的关键词,这类题大多能从某一选项中找到与原文对应的词,那么通常这一选项即为正确答案,但也有推理题,即不能在选项中找到与听力原文对应的词,如上述第1题,要从独白中的"My job today will be to show you the sites and attractions of this fascinating city"一句推理出讲话者的工作是a city guide,即选项B,但只要考生听懂了大意就能选出这个选项。

  【答案】1—3:B B D
      4—6:D B A

二、单项选择测试

❶ 测试要求

(1)能正确运用英语基本语法和句法。

(2)掌握基本词汇,并且能够正确、熟练地运用词汇进行基本搭配。

❷ 测试形式

英语机考中会设置一些单项选择题,题型包括语法题、搭配题和词汇题,需要应聘者依据题干,从给出的3~4个选项中选出最佳答案项。

❸ 题型特点

单项选择题题干通常清晰明了,提供足够的信息以便应聘者理解问题,选项中的错误答案有时会被设计得与正确答案相似,以增加考题的难度。单项选择题主要围绕日常交际和工作生活来进行设计,所涉及的话题通常为日常话题。

❹ 应试技巧

1) 熟悉考点,掌握相关语法

单项选择题涉及时态、被动语态、介词搭配、从句连词、附加疑问句,以及代词、情态动词、形容词、副词和限定词等方面的考点。考生要在考前对相关知识点进行梳理和归纳,并辅以题目练习。

2) 增强训练

应聘者可以多做单项选择题练习,在练习中发现自身的语法薄弱点,并有针对性地开展拓展训练。

3) 借助错题,归纳总结

应聘者可以对相关知识点进行查缺补漏。在复习过程中,反复做之前的错题,直到做对为止。错题往往反映了应聘者的知识漏洞,因而需要充分利用错题进行提升。

4) 掌握高频词汇,侧重介词搭配复习

应聘者可以重点背诵高频词汇进行有针对性的备考。而介词搭配是常见考点,应聘者可以对介词的搭配进行总结,比如 off 作为介词本义是"离开",所以它构成的搭配有:take off,表示飞机起飞或物体从表面或位置上离开;put off,表示时间上的推移,即推迟;clean off,意为"把……擦掉",也有离开之意。因此,应聘者要学会归纳总结各个介词的本义,从而牢记介词搭配。

5) 根据上下文,猜测选项

应聘者务必看完整个题干再作答,因为通常情况下上下文会有提示,可以根据语境猜测正确选项。

样题练习和解析

1. Put the books back _____ they belong after you have finished them.(中国东方航空真题)

　　A. where　　　　　　　　　B. to where
　　C. to which　　　　　　　　D. to the place

2. On the airline _____ , I saw that there was a flight to Tokyo at seven o'clock.(海南航空真题)

　　A. rock　　　　　　　　　　B. research
　　C. schedule　　　　　　　　D. rumor

3. Tom goes to that pub every night to have a bottle of beer. He is a _____ customer.

　　A. reliable　　　　　　　　B. regular
　　C. reluctant　　　　　　　　D. religious

4. _____ it is today!(中国东方航空真题)

　　A. What fine weather　　　　B. What a fine weather
　　C. How a fine weather　　　　D. How fine a weather

5. Which is the way to the _____ ?(中国东方航空真题)

　　A. shoe factory　　　　　　B. shoes factory
　　C. shoe's factory　　　　　D. shoes' factory

6. The number of people wanting to become a Southwest Airlines flight attendant has reached _____ .(中国南方航空真题)

　　A. a high record　　　　　　B. high record
　　C. a record high　　　　　　D. record high

7. Who is now attending _____ the infant?(海南航空真题)

　　A. to　　　　　　　　　　　B. up

    C. with   D. for

8. I can't put up with his _____ any longer. (中国东方航空真题)

    A. personality   B. character

    C. feature   D. temper

9. "When did Gertrude finally get to the theatre?" (中国东方航空真题)

"Just before the end of _____ ."

    A. the act second   B. act second

    C. Act Two   D. the act two

10. Though he views himself as a realist, Michael says that his findings make him very _____ about future. (中国南方航空真题)

    A. optimistic   B. objective

    C. precautious   D. sympathetic

答案和解析：

1. 选 A. where

解析：where是副词不能接to，因此排除B，根据语境也排除C、D，直接选A。

2. 选 C. schedule

解析：本题意思为"在飞机班次表上，我看到有一班七点飞往东京的航次"，班次表常用schedule来表达。

3. 选 B. regular

解析：根据语境判断，他是常客，英语表达为regular customer。

4. 选 A. What fine weather

解析：这题考查感叹词what和how的用法，what一般接名词或名词词组，how接形容词，而weather是不可数名词，不能加a，因此答案为what加名词词组fine weather。

5. 选 A. shoe factory

解析：正确的选项应该是shoe factory，表示鞋厂。其他选项都有语法错误或不合适的词汇，shoes factory、shoe's factory和shoes' factory都不符合复合名词语法要求。

6. 选 A. a record high

解析：reach a record high，表示创造新纪录。

7. 选 B. up

解析：attend up 表示照顾，照看。题干意思为："谁在照看这个婴儿？"

8. 选 D. temper

解析：题干意思为"我再也不能忍受他的脾气了"，根据原文的语境，选择temper(脾气)最为恰当。

9. 选 C. Act Two

解析：题干意思为"Gertrude最终什么时候到达剧院的？""在第二场表演结束前。"可见所提及的是电影的不同片段的场次，用专有表达Act Two。

10.选 A. optimistic

解析:这道题可根据语境确定选项,题干意思为"尽管他视自己为现实主义者,但迈克尔表示他的研究结果让他对未来感到非常……"。根据语境可见选项与现实主义是相反意思,只有 A 选项是"积极正面"的意思,B 选项意为"客观的",C 选项 precautious 意为"谨慎的",D 选项意为"同情的",故选 A。

三、完形填空测试

❶ 测试要求

(1)考查应聘者对文章整体内容的理解能力,包括主旨、细节和语篇结构等。
(2)考查应聘者对词汇的理解和应用能力,包括同义词、反义词和词汇辨析。
(3)考查应聘者对英语语法规则的熟练运用,包括动词时态、形容词和副词用法等。

❷ 测试形式

完形填空题通常包括一篇短文或段落,有时也可以是长一点的文章。题目会在文章中留下若干个空白,通常为 8 到 10 个。每个空白后都会设有多个备选项,应聘者需要在其中选出最合适的单词或短语来填入空白处。

❸ 题型特点

文章中的空白通常会按照一定的逻辑顺序排列,填入的单词或短语需要与上下文相互关联,保持文章的连贯性。空白处的备选项包括各种不同的词汇和语法结构,应聘者需要根据上下文来判断最佳选项。面试英语机考中的完形填空题相对全国大学英语四级考题而言是比较简单的。

❹ 应试技巧

(1)先确定选项词性。
在开始填空之前,建议先将每个选项的词性确定好,然后根据语法规则将选择范围缩小。
(2)查找上下文线索。
查找上下文中的线索,以确定最佳填空选项。有时前后句子中的信息可以提供关键线索。
(3)考虑逻辑关系。
考虑填空选项与前后句之间的逻辑关系,确保填入的单词或短语在语境中是合理的。
(4)使用排除法。
如果不确定哪个选项最合适,可以使用排除法,先排除明显不合适的选项,再从剩余选项中进行选择。
(5)注意语法。

注意语法规则,特别是动词时态、主谓一致和代词的正确使用。

(6)做好时间分配。

控制好答题时间,不要在某一个题目上花费过多时间,要确保能够完成整个题目。

(7)考前勤练习。

熟悉不同类型的题目和常见的语法结构和词汇用法。

样题练习和解析

Directions: please choose the right answer from the box to fill in the blanks in the following passage.(中国南方航空真题)

1.

| A. airplane | B. airport | C. luggage | D. experience | E. view |
| F. book | G. coffee | H. security | I. seat | J. snacks |

Last summer, my family and I decided to take a trip by plane to visit my grandparents. It was my first time flying, so I was a little nervous, but also excited. We arrived at the airport early in the morning. The airport was huge, and there were so many people rushing around. We checked in our luggage and got our boarding passes.

Then, we went through 1_____. The security officers asked us to take off our shoes and put our bags on the conveyor belt to be checked.

After going through the security at the 2_____, we waited at the gate for our flight. The announcement came over the loudspeaker, and we boarded the 3_____. I was amazed by how big the plane was! I found my 4_____ and fastened my seatbelt. The flight attendants were friendly and helped us get 5_____.

As the plane took off, I felt a little bit of excitement and a little bit of fear. But soon, I was looking out the window and enjoying the 6_____. I could see the clouds below us, and it was breathtaking.

During the flight, we were served 7_____ and drinks. I watched a movie on the small screen in front of me and read a book. It didn't feel like a long flight at all.

Finally, we landed at our destination, and I was so happy to see my grandparents waiting for us at the airport. Flying was an amazing 8_____, and I can't wait to do it again!

答案和解析:

(1)选 H. security

解析:意思为"在安检处过安检"。

(2)选 B. airport

解析:意思为"在机场等待"。

(3)选 A. airplane

解析:意思为"登上飞机"。

(4)选 I. seat

解析:意思为"找到自己的座位"。

(5)选 C. luggage

解析:意思为"得到行李"。

(6)选 E. view

解析:意思为"欣赏飞行中的景色"。

(7)选 J. snacks

解析:意思为"在飞行中被提供小吃"。

(8)选 D. experience

解析:意思为"飞行是一种令人惊叹的经历"。

2.

A. speech	B. ready	C. luggage	D. take
E. what	H. information	I. Others	J. good
F. thought	G. bad		

Two days ago I was quite sure of getting an "A" for my Spanish. I had got myself 1_____. I looked for 2_____ on the Internet for a week. I wrote a 3_____ and I even drew a few pictures of Spain. I practiced the speech a lot.

On the day of my speech, I didn't get nervous or forget 4_____ I was going to say. However, everybody has one thing they are 5_____ at. Some people are bad at drawing pictures. 6_____ are bad at typing. My problem is that my stories about Spanish history sounded boring.

After giving my speech and showing my pictures. I 7_____ I was going to get a bad grade.

Big projects are very difficult for me to finish. They 8_____ a lot of time, and I always worry about the day it has to be finished and the grade I'll get. Anyway, I ended up getting an "A—".

答案和解析:

1. 选 B. ready

解析:get myself ready 表示已经准备好。

2. 选 H. information

解析:look for information on the Internet 表示在网上找信息。

3. 选 A. speech

解析:Write a speech 意思为"写一篇演讲"。

4. 选 E. what

解析:forget what I was going to say 意思为"忘记要说什么了"。

5. 选 G. bad

解析：根据上下文，此处应该为 bad at。

6. 选 I. Others

解析：此句缺主语，只有 others 可以做代词指代主语，表示"其他人"。

7. 选 F. thought

解析：在这里意为"以为"，整句话意思为"我以为我会拿到糟糕的成绩"。

8. 选 D. take

解析：take a lot of time 表示花费很多时间。

四、阅读理解测试

❶ 测试要求

能读懂英语国家出版的初等难度的材料，掌握所读材料的大意和主旨，能读懂文章细节信息，有一定的分析和推理能力。

❷ 测试形式

英语机考的阅读理解题是先阅读短文，然后根据短文内容回答文后问题，每个问题对应 3~4 个选项，应聘者需要从其中选出最佳答案。一般情况，每篇短文会设置 3~5 个问题。

❸ 题型特点

阅读理解的题型有主旨理解题、细节题和猜词题。文章多以记叙文、说明文和议论文为主。话题涉及日常话题和社会热点。

❹ 应试技巧

(1) 先读题后看文。

应聘者可以在读文章前先浏览题目和选项，带着目的去阅读。

(2) 找准关键词，快速定位。

应聘者可以通过选项的关键词快速定位原文中的相关语句，进而判断选项是否正确。

(3) 先做细节题再做主旨理解题。

如遇到判断文章主旨、作者态度等主旨理解题，应聘者可以先做其他题，如细节题，做完后对文章主旨的理解会更加深刻，进而使主旨理解题的正确率提高。

(4) 注意题目中的 not、except、cannot 等词汇。

应聘者要仔细读题，注意否定词汇，进行正确判断，避免掉入题目陷阱。

(5) 巧用上下文，不惧猜词题。

遇到猜词题，应聘者要冷静地根据生词所在上下文分析推理出其含义，并将选项代入原文验证意思是否相符。

(6)紧贴原文,不臆断选项。

碰到常识题或科学知识题,应聘者要仔细定位到原文中的相关描述,不能单凭主观意识臆断答案,或过度推断。

样题练习及解析

(一)中国南方航空真题

Hi, boys and girls! Welcome to our museum. It's free. You don't have to pay any money. But we have some rules for you. Please remember them and do as I say. Firstly, don't have food or drink here. You may make our museum dirty. Secondly, you can take photos here, but don't touch(触摸) the things here. Thirdly, keep quiet in the museum. Don't talk loudly. Fourthly, the museum is not open after five o'clock in the afternoon. Please leave(离开) before five. Have a good time here! Thank you.

1.There are some rules for a _____.
 A. store   B. park   C. museum

2.What's the Chinese meaning of the word "free" in the article?_____
 A. 免费的   B. 迅速的   C. 自由的

3.Students can _____ in the museum.
 A. have food and drink   B. take photos
 C. talk loudly

4.Students can stay in the museum _____.
 A. all day   B. before 5:00 a.m.   C. before 5:00 p.m.

5.We can learn from the article that _____.
 A. students don't want to pay any money
 B. the museum has five rules for the students
 C. the speaker hopes the students have a good time

答案和解析:

1.选C. museum

解析:文章开头提到Welcome to our museum,因此规则适用于博物馆。

2.选A. 免费的

解析:文章中提到It's free及don't have to pay any money,表示博物馆是免费的。

3.选B. take photos

解析:文章中提到Secondly, you can take photos here,表示可以在博物馆拍照,但其他语句提及不能吃东西、喝饮料,不能大声喧哗。

4.选C. before 5:00 p.m.

解析:文章中提到,Fourthly, the museum is not open after five o'clock in the afternoon,表示博物馆在下午五点后不开放。

5.选C. the speaker hopes the students have a good time

解析：文章结尾提到Have a good time here，表示发言者希望学生在博物馆里玩得愉快，因此选项C是正确答案。

(二)中国南方航空真题

In the United States, every year, Thanksgiving Day is on the fourth Thursday in November. Because Canada is on the north of the United States, and is colder, the harvest comes earlier(更早) in the year. In Canada, people have Thanksgiving Day on the second Monday in October. The harvest brings a lot of food to the people. On Thanksgiving Day, people in Canada and America like to have a big meal with their friends and family just like Chinese people do at Mid-autumn Festival. Many Canadians and Americans put flowers, vegetables and fruits around their homes to say "Thank you" for the harvest. During the Thanksgiving Day dinner, many Canadians and Americans will eat turkey, potatoes, and pumpkin pie. These are some of the traditional foods. They are saying "Thank you" for the harvest that comes every year.

1._____ celebrates the Thanksgiving Day like the U.S.A..

A. China B. Canada

C. Korea D. Japan

2.In Canada, Thanksgiving Day is _____.

A. on the fourth Thursday in November

B. on the second Monday in October

C. on the second Thursday in November

D. on the fourth Monday in October

3.During the Thanksgiving Day dinner, many Canadians and Americans will eat _____.

A. chicken, potatoes, and pumpkin pie

B. turkey, tomatoes, and pumpkin pie

C. turkey, potatoes, and apple pie

D. turkey, potatoes, and pumpkin pie

4.Why people celebrate the Thanksgiving Day? _____

A. Because people want to have a big meal.

B. Because people want to eat turkey, potatoes and pumpkin pie.

C. Because people want to get together with their friends and family.

D. Because people want to say "Thank you" for the harvest.

5.Which of the following is TRUE? _____

A. Canada has Thanksgiving Day earlier in the year because the harvest comes earlier.

B. The harvest doesn't bring a lot of food to the people.

C. Canada is on the south of the United States.

D. People are saying "Hello" for the harvest on Thanksgiving Day.

答案和解析：

1. 选 B. Canada

解析：文章提到 In Canada, people have Thanksgiving Day on the second Monday in October，所以加拿大（Canada）庆祝感恩节，因此答案是 B。

2. 选 B. on the second Monday in October

解析：文章明确说明 In Canada, people have Thanksgiving Day on the second Monday in October，因此答案是 B。

3. 选 D. turkey, potatoes, and pumpkin pie

解析：文章提到 During the Thanksgiving Day dinner, many Canadians and Americans will eat turkey, potatoes, and pumpkin pie，因此答案是 D。

4. 选 D. Because people want to say "Thank you" for the harvest.

解析：文章多次提到感恩节的目的是感谢丰收（harvest），因此答案是 D。

5. 选 A. Canada has Thanksgiving Day earlier in the year because the harvest comes earlier.

解析：文章中提到 Because Canada is on the north of the United States, and is colder, the harvest comes earlier（更早）in the year，所以 A 项为正确的陈述，其他选项都不正确。

任务三　空乘岗位英语面试详解

任务导入

　　空乘人员是航空公司的关键一员，他们在飞行期间负责确保旅客的安全和舒适。成为一名空乘人员前，需要应对各种挑战，因为这是一种具有竞争性的职业。在空乘岗位面试过程中，应聘者需要向面试官展示出一系列相关技能和品质，以证明自己是这个职位的极佳候选人。英语面试是空乘岗位面试的重要环节，旨在考查空乘候选人是否具备一定的英语口语交际能力，是否能胜任跨国交流、跨文化交流等场景会话。因此本任务所讲解的英语面试主要是指英语口试。当应聘者准备参加空乘岗位英语口试时，首先要明白这个考试主要评估的是应聘者的英语口语能力，及其在客户服务中和紧急情况下解决问题的能力，应聘者在面试过程中应充分展示自身的英语交际技巧和应变能力。

　　本任务将提供空乘岗位英语面试详解，深入探讨应聘者应该如何准备空乘岗位英语面试并完成相关任务，以及如何展示自身的技能和特质，以在空乘岗位英语面试中脱颖而出。

　　空乘岗位英语面试常见形式为面对面口试，通常会由专业的英语面试官组织和提问等。口试环节通常表现为英语自我介绍、英语面试问答、英语广播词朗诵和翻译、英语即兴演讲、英语小组讨论等形式。中国南方航空空乘岗位英语面试口试环节通常包括自我介绍、英语短文朗诵和翻译、英语即兴演讲;中国东方航空空乘岗位英语面试口试环节通常包括英语自我介绍、英语面试问答、广播词翻译(中译英);海南航空空乘岗位英语面试口试环节通常包括自我介绍、英语面试问答、英语即兴演讲、英语小组讨论。下面将进一步探讨空乘岗位英语面试口试环节的备考和应试技巧。

一、英语自我介绍

英语自我介绍是在各种场合,尤其是面试和社交场合中的常见任务。一个好的自我介绍可以让对方更好地了解你,给对方留下积极的印象。在空乘岗位英语面试口试环节中的英语自我介绍部分,我们不仅要结合英语自我介绍的特点,还要结合空乘岗位的需求进行英语自我介绍的撰写准备。应聘者可以在面试前写好一段英语自我介绍,并熟练背诵,以做好充分的展示准备。在撰写英语自我介绍时,首先要列好提纲,定好英语自我介绍的结构。通常,英语自我介绍包括以下要素。

(1)开场白:入场后,与面试官打招呼,介绍你的姓名,表达对空乘岗位的兴趣。

(2)教育背景:简要提及你的教育背景,包括学历和相关培训经历。如果你有与航空相关的培训经历或证书,也要特别强调。

(3)英语能力:突出你的英语口语交际能力,可以提到你的英语学习经历、英语成绩,以及与英语相关的其他技能(如流利的口语表达、良好的发音等)。

(4)客户服务经验:如果你曾在客户服务领域工作过,应强调这些经验,特别是与团队合作、解决问题和满足客户需求相关的经验。

(5)安全意识:提及你对飞行安全的重视,以及你通过培训获得的安全知识。

(6)团队合作:强调你的团队合作能力,指出你可以有效地与同事协作,确保客舱的安全和旅客的舒适。

(7)个人特质:提及一些与乘务工作相关的个人特质,如亲和力、耐心、应变能力、为客户提供卓越服务的意愿。

此外,还可以提及其他方面的内容,如个人兴趣爱好方面,谈谈个人才艺和个人的优秀品质,或者说明想成为空乘人员的理由,以及对未来的规划和憧憬等。

在组织自我介绍的内容时,注意语言风格和用词选择,应使用正向的词语,展示自己积极的态度,避免使用太多的行业术语,尽量表述简洁、清晰,避免使用过于复杂的句子结构。做好时间管控:自我介绍时间过长容易让面试官产生听力疲劳,说得过少则容易给人以准备不充分、能力不足的感觉,因此,自我介绍的时间要尽量控制为1分半到2分钟。此外,尽量让自我介绍有特点,让面试官能够记住你。应聘者可以加入一些有趣或独特的细节,如以故事作为自我介绍的开头,以个人与空乘职业的渊源作为切入点,表述自己选择这份职业的理由,这将会成为一个让人印象深刻的自我介绍。

针对空乘岗位英语面试口试环节中的自我介绍,编者准备了两份示例,示例1是相对简单的、应聘者容易驾驭的自我介绍,示例2是针对英语掌握程度较好的应聘者而设计的自我介绍。应聘者可以根据自身英语能力的实际情况进行选择,也可以根据个人偏好对示例的内容进行调整和修改。

英语自我介绍示例1:

>Good morning, my name is ×××(Your name), and I am excited to be here today as a candidate for the flight attendant position. I have always been passionate about flying and helping people.
>
>I have a ×××(Mention your educational background) degree from ×××(The school from which you graduated). My English language skills are good, and I enjoy communicating with passengers.
>
>I have some experience in customer service, where I learned to work well with others and handle customer needs. I understand the importance of being friendly and helpful.
>
>I am safety-conscious and have received training in emergency procedures.
>
>I am a friendly and adaptable person, and I look forward to the opportunity to contribute to your airline's success and make every flight enjoyable for passengers. Thank you for considering my application.

英语自我介绍示例2:

>Good morning, my name is ×××(Your name), and I am thrilled to be here today as an aspiring flight attendant candidate. I have always been passionate about the aviation industry and providing excellent service to passengers.
>
>I have a strong educational background with a degree in ×××(The degree you earned) from ×××(The school from which you graduated). In addition to my academic achievements, I have also completed relevant courses and training in aviation safety and customer service.
>
>My English language skills are one of my strengths. I have achieved ×××(Mention your English proficiency level, e.g., "fluent" or "advanced") proficiency, and I am confident in my ability to communicate effectively with passengers from diverse backgrounds. I believe that clear and friendly communication is essential in ensuring passenger satisfaction and safety.
>
>I have previous experience working in customer service roles, where I honed my ability to work efficiently as part of a team and resolve issues promptly. These experiences have taught me the importance of being attentive to passengers' needs and providing exceptional service.
>
>Safety is of paramount importance in the aviation industry, and I take this responsibility very seriously. I have undergone rigorous safety training, including

emergency procedures and evacuation protocols, to ensure that I can respond effectively in any situation.

Lastly, I possess qualities such as patience, adaptability, and a strong desire to go the extra mile to ensure passengers have a comfortable and enjoyable flight experience.

I am excited about the opportunity to contribute to the success of your airline and make every flight a safe and pleasant journey for our passengers. Thank you for considering my application.

在撰写完自我介绍后,应聘者需要对其进行反复朗读和练习,确保能够流利自如地表达。应聘者可以请朋友或家人听听自己所准备的自我介绍,并提供反馈。应聘者在介绍自己时,应面带微笑,自信大方;保持良好的姿势,用清晰、响亮的声音说话,避免嗫嚅或过于紧张。应聘者还可以将自我介绍录制成视频,反复观看并进行反思和改进。在这个阶段,应聘者应该对自我介绍进行反复练习和改进,直到能够较为完美地展示这一篇自我介绍。

二、英语面试问答

英语面试问答是航空公司空乘岗位英语面试口试环节的常见题型,通常为一对一问答的形式,应聘者在备考时首先要了解常见的英语面试问答题,并进行相应的练习。

(一) 针对应聘者简历设问

在英语面试问答环节,面试官会根据应聘者的简历设问,包括一些比较日常的关于应聘者个人情况的问题。应聘者在备考时,可以针对自己的简历预设问题并组织答案。

常见考题示例:

(1) What's your hobby?
你的兴趣爱好是什么?
(2) What's your major in college?
在大学里你主修什么专业?
(3) Why do you want to be a flight attendant?
你为什么想成为空乘人员?
(4) When did you graduate from college?
你是哪一年大学毕业的?
(5) What do you do in your spare time?
你在空余时间会做些什么?
(6) Can you introduce your best friends?
你可以介绍一下你最好的朋友吗?
(7) Can you introduce your hometown?

你可以介绍一下你的家乡吗?

(8) Why do you want to work for China Eastern Airlines?

你为什么想在中国东方航空工作?

(9) What is your favorite course in the university, and why?

你在大学里最喜欢的课程是什么,为什么?

(10) Can you tell us about your school?

你可以介绍一下你的学校吗?

(11) What do you usually do on weekends?

你一般在周末会做什么?

(12) Can you tell us about your family?

你可以介绍一下你的家人吗?

(13) What's your personality?

你的性格特征是怎么样的?

(14) How about your performance in school?

你在学校表现怎么样?

针对以上问题,应聘者可根据自己的情况预先准备好答案,在如实回答的基础上进行加工润色,展示出自身优势。

(二)针对应聘者能否胜任乘务工作设问

在英语面试问答环节,面试官还会针对应聘者是否能胜任乘务工作进行提问。
问答示例:

(1) How can you do this job well?

你会如何做好这份工作?

参考回答:

I believe I can excel in this job by combining my strong communication skills with a passion for customer service. Effective communication is the key to ensuring passenger safety and comfort. Moreover, I am a quick thinker and can remain calm under pressure, which is crucial for handling unexpected situations that may arise during flights.

我相信我可以将我良好的沟通技能与对客户服务的热情相结合,从而在这个工作中表现出色。有效的沟通是确保旅客安全和舒适的关键。此外,我反应迅速,能够在压力下保持冷静,这对于处理飞行中可能出现的意外情况至关重要。

(2) How do you think about cabin crew job?

你如何看待乘务工作?

参考回答:

I think the cabin crew job is challenging yet highly rewarding. It allows me to meet people from diverse backgrounds, provide excellent customer service, and ensure passenger safety on every flight. It also gives me the opportunity to explore different places, which I love as I am passionate about traveling.

我认为乘务工作是一份充满挑战但能够让人非常有成就感的工作。这份工作可以让我结识来自不同背景的人们,提供卓越的客户服务,并在每次飞行中确保旅客的安全。这份工作还让我有机会探索不同的地方,我喜欢这份工作,因为我热爱旅行。

(3) What kind of qualities do you think a cabin crew member should have?

你觉得空乘人员应该具备哪些品质?

参考回答:

A cabin crew member should possess qualities such as friendliness, patience, teamwork, adaptability, fluency in English, safety awareness, and effective communication skills, which contribute to providing excellent customer service and ensuring passenger safety and comfort.

一名空乘人员应该具备亲和力、耐心、团队合作精神、应变能力、英语流利、安全意识和良好的沟通能力,这些品质有助于其提供出色的客户服务,确保旅客的安全和舒适。

(4) What's the most important quality do you think cabin crew members should have?

你认为空乘人员应具备的品质中,哪一个品质最重要?

参考回答:

In my opinion, safety awareness is the most important quality for cabin crew members. Cabin crew members' top priority is to ensure the safety of the flight, handle emergencies, and provide a secure travel environment for passengers. Without safety awareness, other qualities may not be as effective.

在我看来,安全意识是空乘人员最应具备的重要品质。空乘人员的首要任务是确保飞行的安全,处理紧急情况,以及为旅客提供安全的旅行环境。如果不具备安全意识,其他品质也难以发挥作用。

(5) Do you like traveling? Can you tell us something about your traveling experience?

你喜欢旅行吗?可以和我们谈谈你的旅行经历吗?

参考回答:

Yes, I absolutely love traveling. It allows me to explore different cultures and landscapes, broadening my horizons. I have been to some unforgettable places, such as ×××(Mention some places you have visited). These experiences have not only enriched my life but also enhanced my adaptability and open-mindedness, which are valuable for cabin crew job.

是的,我非常喜欢旅行。旅行让我有机会探索不同的文化和风景,拓宽我的视野。我曾经去过一些令人难忘的地方,比如×××(提及一些你曾经去过的地方)。这些经历不仅丰富了我的生活,也增强了我的适应能力和开放心态,这些对乘务工作非常有帮助。

(6) Do you have relevant work experience?

你有相关工作经历吗?

参考回答:

I do not have specific experience in the aviation industry at the moment, but I have gained skills relevant to cabin crew job in my previous roles, such as customer service, teamwork, and handling emergencies. I believe these experiences will contribute to my success in fulfilling cabin crew responsibilities, and I have also received professional training to prepare for this position.

我目前还没有在航空业工作的经验,但我在之前的工作中积累了与乘务工作相关的技能,如客户服务、团队合作和应对紧急情况。我相信这些经验将有助于我成功履行空乘职责,并且我接受过专业的培训,为这个职位做好了准备。

针对以上问题,应聘者可以提前查询相关资料,朝着积极的方向进行阐述。

(三) 其他常见问题

以下列举了一些常见考题及参考回答。

问答示例:

(1) How do you rate yourself as a professional?

你认为自己哪些方面能够体现出专业性?

参考回答:

With my strong academic background, I am capable and competent.

凭借我良好的学术背景,我可以胜任自己的工作,而且我认为自己很有竞争力。

(2) What contribution did you make to your current/former workplace/class?

你对目前/从前的工作单位/班级有何贡献?

参考回答:

I have finished three new projects, and I am sure I can apply my experience to this position.

我已经完成三个新项目,我相信我能将我的经验用在这份工作上。

(3) What is your strongest trait?

你最突出的特点是什么?

参考回答:

Helpfulness/Caring/Adaptability/Sense of humor.

乐于助人/关心他人/适应能力(强)/(有)幽默感。

(4) How do your friends or colleagues describe you?

你的朋友或同事是如何形容你的?

参考回答:

Cheerfulness and friendliness.

乐观和友好。

(5) How do you normally handle criticism from others?

你通常如何处理别人的批评?

参考回答:

Silence is golden. Just don't say anything, otherwise the situation would become worse. I do, however, accept constructive criticism.

沉默是金。不必说什么,否则情况会变得更糟。不过,我会接受建设性的批评。

应聘者在面试时要沉着冷静,在听清楚面试官的问题后进行一定的思考,不要急于回答。若未听清问题,可以对面试官说:"I am sorry, I didn't follow you , could you please repeat the question?"("对不起,我刚刚没有听清您的问题,您能重说一遍吗?")在英语面试中经常会出现应聘者没有听清面试官提问的情况,这是正常现象,这个时候应聘者千万不要发懵,耽误考试时间,而是应礼貌地请求面试官重述问题,这个表现不会降低面试官对应聘者的印象分,因为英语面试的一个很重要的部分是考查应聘者的交流能力,而应聘者没有听清问题,礼貌地让面试官重述是能够展现其交流能力的。

在听清问题后,应聘者可以稍微思考几秒钟,进行简单的构思,开始作答时,要注意正视面试官,面带微笑,自信地回答。应聘者不用过于担心自己的发音是否标准,语法是否正确,只要能大方自信地作答,就能展示出自己已具备空乘人员所需的基本英语口语交际能力,给面试官留下好印象。

三、英语广播词朗诵和翻译

朗诵英语广播词是英语面试口试环节常见的形式,也有不少航空公司会让应聘者对一段短文或广播词进行翻译(中译英或英译中)。应聘者在平时备考时,应多做朗读训练和翻译训练,如此下来,这个环节便能轻松通过。以下是常见的广播词示例,应聘者可以以此为基础进行相关练习。

广播词示例1:

Ladies and Gentlemen,

Please make sure your seat belt is securely fastened, the tray table and seat back returned to the upright position, keep window shade open, and your mobile phone or other electronic device is put into airplane mode or turned off.

Please do not smoke during the whole flight.

Thank you!

女士们、先生们：

请确保您的安全带已牢固系好，托盘桌和座椅靠背已归位，打开遮光板，将您的手机或其他电子设备调为飞行模式或关机。

在整个飞行过程中请不要吸烟。

谢谢！

广播词示例2：

Ladies and Gentlemen,

We have left origin.

You may (Use the headphones in the pocket in front of the seat and) enjoy movie (Such as _____ , _____ , and _____). While using your personal laptop, please make sure the Wi-Fi card has been switched off.

Breakfast/Lunch/Dinner will be served in a moment. We have prepared _____ and _____ for your choices. We apologize if your first selection is not available.

Duty-free sales will begin after the meal.

And we will serve you breakfast/lunch/supper/snack before arrival.

As a precaution against unexpected air turbulence, please keep your seatbelts fastened while seated and avoid walking around the cabin when the aircraft is bumpy.

Once again, please keep your cell phone turned off, until we arrive at the gate of our destination airport.

Thank you!

女士们、先生们：

我们已经离开起飞地。

您可以（使用座位前面口袋内的耳机）欣赏电影（例如_____、_____和_____）。在使用个人笔记本电脑时，请确保Wi-Fi卡已关闭。

早餐/午餐/晚餐将在片刻后供应。我们已经准备了_____和_____供您选择。如果餐点不符合您的第一选择，我们深感抱歉。

餐后将开始免税销售。

并且我们将在抵达前为您提供早餐/午餐/晚餐/小吃。

为了防止意外气流颠簸（造成伤害），请您坐好并请系好安全带，并且在飞机颠簸时请避免在机舱内走动。

再次提醒，请您保持手机关闭，直到我们到达目的地机场的登机口。

谢谢！

广播词示例 3：

It is _____ local time. The outside temperature is _____ degrees Centigrade or _____ degrees Fahrenheit.

While the aircraft is taxiing, please be seated and remain your seat belt fasten. Please keep your mobile phone powered off until the cabin door is opened. Meanwhile, please pay special attention to falling luggage when you open the overhead compartment after the aircraft has completely stopped.

Passengers continuing to _____ please take your boarding pass, travel documents and all your belongings with you, proceed to transit. Our ground staff will meet you at the terminal.

Thank you for choosing China Eastern Airlines, a member of Sky Team Alliance. On behalf of Captain (Mr./Ms.) _____ and (His/Her) crew, we wish you all the best and look forward to serving you again.

现在是当地时间_____。室外温度为_____℃或_____℉。

在飞机滑行期间，请保持坐在座位上并系好安全带。请在机舱门打开之前保持手机关闭。同时，在飞机完全停稳后，请在打开行李架时特别注意掉落的行李。

继续前往_____的旅客，请携带登机牌、旅行文件和其他个人物品，前往中转区域。我们的地勤人员将在航站楼迎接您。

感谢您选择天合联盟成员——中国东方航空。我们代表机长_____（先生/女士）和（他的/她的）机组，祝愿您一切顺利，并期待再次为您提供服务。

广播词示例 4：

Ladies and Gentlemen,

Good morning/Good afternoon/Good evening!

Welcome aboard China Eastern, a member of the Sky Team Alliance. I'm the cabin manager for this flight, and my crew and I are honored to accompany you on your inaugural flight from _____ to _____.

The flight distance from _____ to _____ is _____ kilometers, and the flight time is about _____.

Please pay attention to the following safely instructions video. Wish you have a pleasant journey.

女士们、先生们：

早上好/下午好/晚上好！

欢迎搭乘天合联盟成员——中国东方航空航班。我是本次航班的客舱经理,我和我的组员非常荣幸能陪伴您踏上 _____ 至 _____ 的首航之旅。从 _____ 至 _____ 的飞行距离为 _____ 千米,飞行时间大概需要 _____ 。

稍后,我们将为您播报安全须知录像,请您留意观看。预祝您旅途愉快。

四、英语即兴演讲

英语即兴演讲形式近年来受到越来越多的航空公司青睐,因为它能很好地考查应聘者的应变能力、心理素质以及语言基本功。英语即兴演讲一般会让应聘者根据给定的话题进行10分钟左右的准备,然后发表演讲。这对于很多应聘者来说可能是一项具有挑战性的任务,但通过一定的准备和练习,应聘者可以提高自己的英语即兴演讲能力,从而做到从容应对。

(一)备考英语即兴演讲的技巧

1 了解基本结构

英语即兴演讲的内容应符合一定的结构要求,一般包括引言、主体和结论。在引言部分,可以简要介绍自己要讨论的主题。在主体部分,提供支持性的理由、事例。在英语即兴演讲的最后,总结演讲内容,提炼结论。应聘者在拿到题目后,首先应按以上结构进行构思,简单列出提纲,然后按照提纲开始演讲。

2 练习口语表达

应聘者应每天练习口语表达,这样有助于更流畅地表达思想,可以通过模仿演讲音频,围绕随机话题进行演讲,或与朋友进行英语对话来锻炼口语。

3 拓展词汇量

具备丰富的词汇库对于英语即兴演讲至关重要。应聘者可以尝试积累新词汇并学习它们的正确用法,以免在英语即兴演讲中出现表达不清的状况。

4 保持冷静

应聘者在进行英语即兴演讲时,保持冷静是关键。如果应聘者感到紧张或思维有些混乱,可以稍做停顿,深呼吸,平复情绪后继续演讲。

5 使用连接词

应聘者应学会使用连接词,如"首先"(First of all)、"其次"(Secondly)、"另外"(Moreover)、"总之"(In a word)等,有助于组织思维并使演讲内容具有逻辑性。

6 关注主要信息

应聘者在进行英语即兴演讲时,不要追求面面俱到,应专注于传达最重要的信息和观点,以确保思路清晰明了。

❼ 多练习

练习是提高英语即兴演讲能力的关键。应聘者可以围绕常见演讲话题进行训练,尝试在短时间内完成即兴演讲。

❽ 接受反馈

应聘者可以请朋友或同事提供反馈,让他们指出演讲稿中值得保留和需要改进的地方,进一步完善演讲稿。

❾ 关注身体语言

应聘者在进行英语即兴演讲时,身体语言也很重要。应聘者应笔直站立,适当使用自然的手势,有助于展现自信。

❿ 掌握练习时间

在平时备考练习时,应聘者可以给自己设定一个时间限制,养成在规定时间内完成演讲的习惯,这将有助于应聘者在实际面试场合中做到有效地控制时间。

应聘者要想提高英语即兴演讲能力,就需要不断地练习,中间过程不要过于追求完美,重要的是尽力而为,只要坚持不懈地练习,在英语即兴演讲方面就会变得越来越娴熟。

(二)常见的英语即兴演讲话题

以下列出了一些常见的英语即兴演讲话题供应聘者参考。

示例:

(1) What are your strengths and weaknesses?

(2) Do you prefer to be a team leader or a team member?

(3) Please give a speech about youth.

(4) Talk about your understanding of "Rome was not built in a day".

(5) Please introduce a movie you watched recently.

(6) Please introduce your greatest achievement.

(7) Talk about the importance of kindness in everyday life.

(8) Talk about the impact of social media on society.

(9) Talk about the value of lifelong learning.

(10) Talk about the benefits of outdoor activities and nature.

(11) Talk about the role of mentors in personal growth.

(12) Talk about the significance of cultural diversity.

(13) Talk about your experience of overcoming fear and taking risks.

(14) Talk about the power of a positive mindset.

(15) Talk about the influence of a good book on personal development.

(16) Talk about the art of effective communication.

(三)英语即兴演讲常用结构

1 "PREP"结构,即"Point+Reason+Example+Point"

(1) 开头"Point":结合问题,陈述论点,句型如"I believe that…"。

(2) "Reason":对论点进行解释,句型如"And the reason I believe that is…"。

(3) "Example":举例以支撑观点或立场,句型如"For example…"。

(4) 结尾"Point":重述观点以收尾,句型如"And that's why I believe that…"。

以题目"Do you think people should be themselves regardless of others' opinions?"为例:

① 开头"Point":"No, I don't think people should be themselves regardless of others' opinions."

② "Reasons":"Because human beings are social animals, we live in relationships and need to care about how people around us feel and think. Moreover, we can't be sure what we want and think is always right or appropriate. We would be better off if we take into consideration of other people's opinons before we make a decision."

③ "Example":句型如"For example…"。

④ 结尾"Point":略。

2 "感受+故事+首尾呼应"结构,即"Feel+Anecdote+Tie back"

这个演讲结构的重点在于故事有趣、吸引人,故事为这个结构的主干。如果应聘者有特别想分享的故事,可以选择这一结构组织演讲稿。

(1) "Feel":亮出观点或分享感受。时长通常设计为1分钟左右。

(2) "Anecdote":奇闻轶事。时长可以设计为2分钟及以上,应尽可能突出细节,力求生动。

(3) "Tie back":联系主题,再次亮出观点。时长通常设计为1分钟左右。

以"Online Education"主题演讲为例:

① "Feel":"I don't think online education is suitable for me."

② "Anecdote":"Because of my network failure, my classmates took funny screenshots of me, and I wasted a whole hour trying to fix it."

③ "Tie back":"I prefer face-to-face education."

3 "Pros+Cons"结构,即正反面阐述式

这个结构也称为"Diplomatic Format"(外交模式),较为正式,不容易出错,依据此结构可以快速组织一篇演讲稿的内容。

(1) "Pros"。一般选择2~3个点进行阐述。

(2) "Cons"。一般选择2~3个点进行阐述。

此外,一般会在开头设计一个"Opening",大致交代背景,时长设计为30秒左右;在结尾设计一个"Conclusion",综合正反面观点得出结论。

还是以"Online Education"主题演讲为例:

① "Opening": 略。

② "Pros": "Less expensive, more resources, flexible schedule, international access, flexible."

③ "Cons": "Less engaged, easily distracted, emotional fatigue, lack of interaction, network failure."

④ "Conclusion": "Although there's room for improvement, it is a good transition during the pandemic."

五、英语小组讨论

海南航空近年来开始采用英语小组讨论形式考查应聘者的英语口语交际能力。

在英语小组讨论环节,一般会将应聘者分组(以5~8人为一组),应聘者之间在小组内部进行限时的无领导小组讨论。应聘者要注意与面试官进行眼神交流。面试全程由面试官用英语主持,通常有5位面试官。考场内有桌椅,桌子上会放置一张写有待讨论解决的问题的考试纸。每位应聘者都有2分钟陈述观点的时间,待所有组员陈述完,组内会推选一个人做总结。在英语小组讨论环节,应聘者应积极参与话题讨论,认真倾听组员陈述,大方赞同组员的观点,展现团队精神,这些也是面试官观测和评估的重点。

常见考题示例:

A restaurant waitress forgot to place an order for a customer during work due to being too busy. The customer waited for a long time and was very angry. If you were her colleague, what would you do?

一位餐厅服务员在工作过程中,因为太忙碌,忘记为一个客人下单了。客人等待了很久,并且因此十分生气。如果你是她的同事,你会怎么做?

英语小组讨论是一次良好的学习和合作机会,它要求小组成员围绕某个问题或者主题,共同研究和讨论。以下针对英语小组讨论环节,列出了一些应对策略,以确保讨论的顺利进行和讨论结果的有效性。

① 明确讨论目标:在开始小组讨论之前,应确保所有组员都明确讨论的目标和主题。这有助于小组进行集中讨论,避免偏离主题。

② 确定发言顺序:应确定发言顺序,以确保每个组员都有机会参与讨论。可以采用轮流发言的形式,或根据提前安排的顺序发言。

③ 尊重他人和共享时间:应鼓励每个组员积极发表观点,确保每个人都有足够的时间来表达自己的观点。应聘者应做到尊重其他组员的观点,避免打断他人发言,应等待合适的时机提出自己的想法。

④ 认真倾听他人:在其他组员发表看法时,应聘者应认真倾听,这有助于与他人建立合作关系和理解他人的观点。

⑤ 提供支持性论据：应聘者在陈述观点时，应提供支持性的理由、事例，以增强论点的说服力。

⑥ 分工合作：如果讨论涉及多个子主题，可以进行分工合作，让每个组员负责一个子主题，并在讨论结束时汇总成果。

⑦ 记录讨论内容：如果条件允许，可以指派一个组员负责记录小组讨论的要点和决策，以便后续回顾和总结。

⑧ 处理分歧：如果讨论出现分歧，应尝试以建设性的方式解决，寻求共识或提出妥协方案。

⑨ 总结论点：在讨论结束后，应对讨论的关键观点进行总结，形成结论。这有助于提炼讨论的要点。

⑩ 反馈和改进：在讨论结束后，应回顾讨论的过程，收集组员的反馈，形成总结报告以便后续改进。

实际上，在英语小组讨论中，相较于讨论的内容，以上所列出的内容更能体现应聘者的能力，因而更为重要。此外，应聘者应注重团队合作和沟通，努力给面试官留下能够与他人友好合作又具有主见的印象。应聘者在准备英语小组讨论环节时，可以参考英语即兴演讲的模板来组织讨论的内容。

总之，针对空乘岗位英语面试（口试），应聘者不仅要关注自身形象，更要积累，在平时下功夫，具体可以从以下几个方面着手准备。

首先，英语口语表达能力是英语面试的关键。应聘者应该经常进行口语练习，提高发音的准确度，正确使用语法，以确保在英语面试中能够流畅地表达自己的想法。阅读英语文章、观看英语视频、参与英语交流等活动，这些都可以帮助应聘者提升英语口语表达能力。

其次，词汇的积累和语法知识的学习同样重要。应聘者需要扩充词汇量，掌握常见的英语短语和俚语，并理解英语的基本语法，这些可以通过阅读英语书籍、报纸、杂志以及学习相关英语课程来实现。

此外，了解英语国家的相关文化和社交礼仪也是必要的。在英语面试中，了解英语国家的文化、社交礼仪和社交习惯可以帮助应聘者更好地适应不同的社交场合。尊重对方、表现友善、避免敏感话题都是应聘者应该注意的事项。

最后，进行模拟面试和听取他人反馈是提高英语面试能力的有效方法。应聘者可以请朋友或教师帮助自己进行模拟面试，并听取他们的反馈意见，从而了解自己做得好的地方和需要改进的部分。通过多次模拟练习，根据他人的反馈不断完善自己的表现，应聘者可以增加自信心，更好地应对真实的面试情况。

总而言之，应聘者在准备空乘岗位英语面试时，不仅要提升自身英语语言方面的能力，还要对英语国家的相关文化、社交礼仪和社交技巧进行了解。学习相关知识，并做到定期练习、积累经验，这些是获得良好英语面试表现的关键。

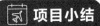

项目小结

本项目主要介绍了空乘岗位英语考试的机考和面试的概况和备考技巧。本项目罗列了空乘岗位英语考试常见的机考题型及其应考策略,整合了国内三大航空公司(中国南方航空、海南航空和中国东方航空)具有代表性的英语考试题型和内容,并设计了相关情景演练任务。另外,针对英语面试,本项目细致地介绍了常见的口试题型,解析了备考技巧和注意事项。总体来说,本项目对当前空乘岗位英语考试进行了较为全面的分析,为准备空乘岗位英语考试的应聘者指明了方向,提供了翔实的资料参考。

第二部分
空乘岗位面试之国内航空公司篇

项目五 中国三大航空公司空乘岗位面试详解

项目目标

- 知识目标

    (1) 了解中国三大航空公司的基本概况。

    (2) 了解中国三大航空公司空乘岗位的用人标准及素养要求。

    (3) 熟悉中国三大航空公司空乘岗位的面试流程。

- 能力目标

    (1) 能够根据自身情况,确定适合自己的航空公司。

    (2) 能够达到中国三大航空公司空乘岗位的基本素养要求。

    (3) 掌握空乘岗位具体面试环节的题型及备考技巧,做到胸有成竹地应对。

- 素质目标

    (1) 培养空乘人员所应具备的使命感、责任感。

    (2) 培养空乘人员所应具备的多元文化适应能力。

    (3) 正确认识中国三大航空公司空乘岗位职责,培养吃苦耐劳的品质。

知识框架

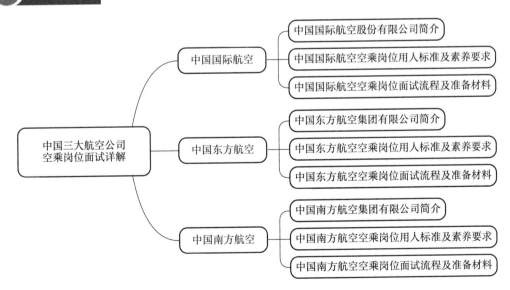

项目引入

改革开放以来,在党中央、国务院的正确领导下,在国家经济社会全面发展的推动下,中国民航快速健康发展,其规模、质量和效益跃上一个新台阶。

1988年,中国民用航空局与航空公司实行政府部门和企业运营分离,形成六大航空公司:中国南方航空公司、中国东方航空公司、中国国际航空公司、中国北方航空公司(2002年被中国南方航空公司兼并)、中国西北航空公司(2002年被中国东方航空公司兼并)、中国西南航空公司(2002年被中国国际航空公司兼并)。经过后续兼并,形成中国三大航空公司(三大航空央企),分别为中国国际航空股份有限公司、中国东方航空集团有限公司、中国南方航空集团有限公司。

三大航空央企担负着引领中国民航发展的责任,自然,作为三大航空央企的空乘人员也必须要有更高的职业素养、更高的政治思想觉悟。接下来,就让我们一起来了解三大航空央企的具体情况吧!

任务一　中国国际航空

任务导入

中国国际航空股份有限公司是中国唯一一家载国旗飞行的民用航空公司,其前身中国国际航空公司,成立于1988年。根据国务院批准通过的《民航体制改革方案》,2002年10月,中国国际航空公司联合中国航空总公司和中国西南航空公司,成立了中国航空集团公司,并以联合三方的航空运输资源为基础,组建了新的中国国际航空公司。2004年9月30日,国航股份在北京正式成立。进入国家级航空公司是很多空乘岗位应聘者梦寐以求的。中国国际航空"宾四海,礼天下"的风范展现在哪些方面?中国国际航空"四心"服务理念的内涵是什么?或许学习完本任务的内容后,你会找到答案。

一、中国国际航空股份有限公司简介

中国国际航空股份有限公司(简称中国国际航空),IATA代码为CA,英文名称为"Air China Limited",简称"Air China"。中国国际航空是中国唯一一家载国旗飞行的民用航空公司,承担着中国国家领导人出国访问的专机任务,以及外国元首和政府首脑在我国国内的专包机任务。中国国际航空的乘务人员不仅要有过硬的专业素养,更要有较高的政治站位。中国国际航空的飞机见图5-1-1,企业标识见图5-1-2,空乘人员制服见图5-1-3。

图 5-1-1　中国国际航空飞机①

图 5-1-2　中国国际航空企业标识

图 5-1-3　中国国际航空空乘人员制服

中国国际航空在中国民航企业中居于领先地位。2007—2023年,中国国际航空连续16年被世界品牌实验室评为"世界品牌500强",成为中国唯一一家进入"世界品牌500强"的民航企业。同时,中国国际航空连续16年获得了"中国品牌年度大奖No.1(航空服务行业)"和"中国年度文化品牌大奖"。2023年,中国国际航空被世界品牌实验室评为"中国500最具价值品牌"第24名。中国国际航空品牌曾被英国《金融时报》和美国麦肯锡管理咨询公司联合评定为"中国十大世界级品牌"。此外,中国国际航空多次获得"最佳中国航空公司""年度最佳航空公司奖""极度开拓奖""最佳企业公众形象奖""全国企业文化优秀成果奖""中国经济十大领军企业"等奖项和称号。

中国国际航空主要控股子公司有深圳航空有限责任公司(含昆明航空有限公司)、山东

---

①本书在编著过程中使用了部分图片,在此向这些图片的版权所有者表示诚挚的谢意!由于客观原因,我们无法联系到您。如您能与我们取得联系,我们将在第一时间更正任何错误或疏漏。

航空集团有限公司、北京航空有限责任公司、大连航空有限责任公司、中国国际航空内蒙古有限公司、澳门航空股份有限公司、北京飞机维修工程有限公司、中国国际航空汕头实业发展公司、成都富凯飞机工程服务有限公司、国航进出口有限公司等;合营公司主要有北京集安航空资产管理有限公司、四川国际航空发动机维修有限公司等。此外,中国国际航空参股国泰航空有限公司、西藏航空有限公司等。

中国国际航空
相关发展数据

二、中国国际航空空乘岗位用人标准及素养要求①

以下主要介绍普通舱乘务员岗位的应聘条件。

(一)年龄

(1)大学本科及以上学历:18~25周岁(含)。

(2)硕士研究生及以上学历:18~28周岁(含)。

(二)身高

(1)女性身高:163~173厘米。

(2)男性身高:173~185厘米。

(三)体重

(1)女性体重(公斤):[身高(厘米)—110]×90%~[身高(厘米)—110]。

(2)男性体重(公斤):[身高(厘米)—105]×90%~[身高(厘米)—105]。

(四)视力(C字形视力表视力标准)

(1)女性视力:矫正视力0.5以上。

(2)男性视力:裸眼视力0.7以上。

(五)学历条件

具有普通高等院校大学本科及以上学历,专业不限,须提供"教育部学历证书电子注册备案表"或"教育部学籍在线验证报告"。

(六)英语要求

全国大学英语四级考试成绩在425分及以上,或取得雅思5.0分及以上,或取得新托福

---

① 参考中航集团人才招聘官网2023年发布的空中乘务员岗位招聘简章。

60分及以上。

(七) 其他条件

(1) 普通话发音标准,口齿清晰,表达流利。

(2) 五官端正,身材匀称,动作协调,形象气质佳。

(3) 拥有中华人民共和国公民身份。

(4) 须为初次就业,未与其他单位建立过劳动关系。

(5) 本人及家庭成员无犯罪记录,符合空勤人员背景调查相关要求。

(6) 满足中国民用航空局规定的体检标准。

(7) 男性应聘者须符合安全员体能素质要求。

当应聘者达到了以上的要求,就可以在中国国际航空官方招聘网站投递简历,中国国际航空会以邮件或短信的形式通知通过资质审核的应聘者面试。

三、中国国际航空空乘岗位面试流程及准备材料[①]

(一) 面试流程

1 环节一:初试

一般在初试环节,应聘者会以7人为一组,进入考场进行形体展示并做中文自我介绍。自我介绍的内容一般包括:面试编号,身高,体重;生源地;拥有的英语等级证书、普通话等级证书等;在校期间担任的职务,受到的奖励;特长等。此外,可以简单介绍一下父母的职业(父母对自己选择就业方向的正面影响)。

自我介绍示例:

"各位评委好(鞠躬),我是1号,身高165厘米,体重50公斤。我来自四川成都。我通过了全国大学英语四级考试,普通话水平为二级甲等。在校期间,我曾担任学生会主席,连续三年获得国家奖学金。我的特长是唱歌、跳舞、播音、主持。谢谢各位评委(鞠躬)!"

需要注意的是,应聘者在面试的过程中不能提及自己的姓名,而应以面试编号代称。自我介绍的时间应控制在1分钟到1分30秒。注意一定要按面试官要求的几点来说,不要添加多余的项目。面试全程应聘者应正脸面向面试官,并保持微笑,展现礼貌和亲和力。

2 环节二:复试

1) 英语测试

在英语测试部分,应聘者以2人为一组,由两位面试官对应聘者进行英语测试,测试内

---

① 参考中国国际航空北京总部2023年乘务员面试流程。

容包括:

(1)朗读并翻译文章。面试官抽取一篇文章,将内容均分为两部分,两位应聘者各负责一半,进行文章朗读和翻译。

(2)英语对话。面试官根据之前抽取的文章随机向应聘者提问。

考题示例:

①请说出周一到周日的英语表达。

回答:Monday, Tuesday, Wednesday, Thursday, Friday, Saturday, Sunday.

②请说出一月到十二月的英语表达。

回答:January, February, March, April, May, June, July, August, September, October, November, December.

③请用英语表述8:40。

回答:Eight o'clock forty/Eight forty.

2)心理测试

在心理测试部分,面试官会要求应聘者扫码做题。应聘者不用过于紧张,正常作答就可以了。

3 环节三:终试

在终试环节,面试官会要求所有应聘者进入考场,站成一排,对应聘者进行疤痕检查,并询问应聘者的病史。

(二)面试准备材料

(1)身份证、户口本原件以及复印件。

(2)学历证明,如"教育部学历证书电子注册备案表"或"教育部学籍在线验证报告"等。应聘者可在学信网下载相关证明。

(3)英语等级证书证明。应聘者可在中国教育考试网下载相关证明。

(4)未就业证明。应聘者可在国家社会保险公共服务平台下载相关证明。

任务二　中国东方航空

任务导入

中国东方航空集团有限公司是中国三大国有航空公司之一,其前身可追溯到1957年1月原民航上海管理处成立的第一支飞行中队。中国东方航空以上海浦东国际机场和上海虹桥国际机场为主要运营基地,拥有京沪"两市四场"双核心枢纽和西安、昆明等区域枢纽

2011年6月21日,中国东方航空加入天合联盟,与联盟各家成员公司的航线网络进行衔接和融合,使得常旅客在全球179个国家超过1057个目的地轻松共用积分累积和兑换,进行无缝隙中转,享受超值航线产品选购等多种服务。中国东方航空特别注重员工发展,其品牌核心价值为"世界品位,东方魅力"。

一、中国东方航空集团有限公司简介

中国东方航空集团有限公司(简称中国东方航空,China Eastern),IATA代码为MU,总部位于上海,是中国第一家在纽约、香港和上海三地上市的民用航空公司。2017年12月30日,中国东方航空集团公司完成公司制改制并领取新的营业执照,正式更名为中国东方航空集团有限公司。中国东方航空的企业标识见图5-2-1,空乘人员制服见图5-2-2。

扫码看彩图

图5-2-1　中国东方航空企业标识

扫码看彩图

图5-2-2　中国东方航空空乘人员制服

截至2023年初,中国东方航空运营着由775余架客货运飞机组成的现代化机队,这是全球极为年轻的机队。中国东方航空拥有中国规模最大、商业和技术模式领先的互联网宽体机队,是中国首家开放手机等便携式设备使用的民航公司。

中国东方航空致力于以精致、精准、精细的服务为全球旅客创造精彩旅行体验,连续多年获评全球品牌传播集团WPP旗下"BrandZ最具价值中国品牌"前100强、"BrandZ中国全球化品牌"前50强、Brand Finance"全球最有价值的50个航空公司品牌"等多项荣誉,在运营品质、服务体验、社会责任等领域屡获国际国内奖项。

中国东方航空着力打造全服务航空、经济型航空、航空物流三大支柱产业,以及航空维修、航空餐食、创新科技平台、金融平台、产业投资平台五大协同产业。中国东方航空的企业愿景是成为"员工热爱、顾客首选、股东满意、社会信任"的世界一流航空公司,企业核心价值观是"客户至尊,精细致远",企业精神是"严谨高效,激情超越"。

中国东方航空
相关发展数据

中国东方航空的枢纽机场包括:上海虹桥国际机场、上海浦东国际机场、北京首都国际机场、南京禄口国际机场、昆明长水国际机场、西安咸阳国际机场。

中国东方航空的基地机场包括:南京禄口国际机场、青岛流亭国际机场、无锡硕放机场、北京首都国际机场、武汉天河国际机场、成都双流国际机场、南昌昌北国际机场、石家庄正定国际机场、宁波栎社国际机场、太原武宿国际机场、合肥新桥国际机场、兰州中川国际机场、温州龙湾国际机场、常州奔牛国际机场。

二、中国东方航空空乘岗位用人标准及素养要求[①]

(一)应聘条件

(1)学历及专业:教育部认可的大专及以上学历,且系2022届或2023届毕业生;专业不限。

(2)年龄:

① 本科及以下学历,24周岁以内(1999年1月1日以后出生)。

② 硕士及以上学历,27周岁以内(1996年1月1日以后出生)。

(3)外语:全国大学英语四级考试成绩为425分及以上者优先考虑。

(4)性别及户籍:不限。

(二)录用条件

(1)通过公司的统一考核。

(2)身体条件满足中国民用航空局发布的《民用航空人员体检合格证管理规则》(CCAR-67FS-R4)中的体检相关要求。无色盲、色弱。女性身高为163~175厘米,男性身高为173~185厘米。

(3)符合空勤人员背景调查相关要求。

---

① 参考中国东方航空招聘官网2023年发布的乘务员岗位招聘公告。

(4) 通过为期3个月左右的乘务职业资格培训,该项培训费自理。

(5) 获得岗位所需相关证照,经用人单位考核、公司审核通过后,签订相关劳动合同。

(6) 服从公司统一分配,用工性质为劳务派遣制。

(三) 面试着装要求

应聘者须着正装参加面试:女性应聘者应着白衬衣(非学校、航空公司制服,不允许有条纹)、黑色一步裙、黑皮鞋(普通高跟即可,不得有装饰);男性应聘者应着白衬衣(非学校、航空公司制服,不允许有条纹)、黑西裤、黑皮鞋(不得有装饰)。

此外,女性应聘者应盘发,不留刘海,不允许化浓妆、着深色丝袜、佩戴美瞳及其他任何饰品;男性应聘者不留鬓角和刘海,不允许化妆、佩戴任何饰品。

三、中国东方航空空乘岗位面试流程及准备材料

需要注意的是,中国东方航空乘务员招聘不接受现场报名,应聘者须在网上完成注册及报名流程。完成报名且通过简历筛选(招聘网站个人中心"简历筛选"环节的应聘状态为"通过")的应聘者方可参加初试。

网上注册及报名步骤如下:

① 访问中国东方航空招聘官网(http://job.ceair.com)进行注册。

② 点击相应的应聘职位并完善个人相关信息,在报名截止时间前完成在线报名。

> **温馨提示:**
> 应聘者可以登录中国东方航空招聘官网查看应聘结果,也可以关注东航招聘微信公众号,并绑定个人招聘网账号,通过微信查看应聘结果。

(一) 面试流程

1 环节一:初试

在初试环节,应聘者以10人为一组进入考场,按顺序进行自我介绍。应聘者在进行自我介绍时应该声音洪亮、内容简洁且有重点。

在自我介绍结束之后,应聘者需要绕考场一周回到原位,并在原地向左转、向右转、向后转,然后伸出双手,接受裸露部位的疤痕检查。

> **温馨提示:**
> ①女性应聘者的妆造应适宜,妆面自然、干净,不要贴假睫毛或戴美瞳,应将头发尽量固定好,避免产生碎发,建议发色为自然黑色。
> ②应聘者应将面试服装熨烫平整,扣上衬衣的第一粒扣子。女性应聘者的衬衣应大小合适且不可过透;裙子不可过紧或过短;鞋子简单干净,鞋跟不要太

高。男性应聘者的衬衣、西裤、皮带以及鞋袜应搭配一致,保持干净整洁。

③应聘者在整个面试过程中应面带微笑,保持大方、自然。

初试结束后,中国东方航空招聘官网会在晚上8:00左右发布通过初试、进入复试的人员的名单(应聘者报名号码)。

② 环节二:复试

(1)填表、接受资料审核。

在复试环节,应聘者首先应认真填写工作人员发放的表格,然后排队等待资料审核。

(2)测量身高,测试是否色盲。

资料审核通过后,工作人员会测量应聘者的身高,测试应聘者是否色盲。在身高方面,要求女性应聘者身高为163~175厘米,或踮足而立时手指能够触及212厘米;男性应聘者身高为173~185厘米。

(3)综合面谈。

符合上述检查要求以及测量标准的应聘者,在工作人员那里可以领取一个号码牌,然后前往考场进行综合面谈。综合面谈的面试官有5~7人。应聘者进入考场后,应按顺序站好,依次进行自我介绍。面试官会对应聘者随机提问,问题的内容主要围绕应聘者的简历、日常生活,以及乘务工作等。

常见考题示例:

①是否通过全国大学英语四、六级考试?

②父母从事什么工作?

③在校学习的教育形式(全日制/非全日制)?

④之前有没有从事其他工作?如果有,为什么辞职?如果没有,那么这个时期都做什么了?

⑤家庭住址在哪里?

(4)机考(英语题+心理测评题)。

机考部分包含英语题和心理测评题。其中,英语题包含100道单选题,主要涉及英语的固定搭配、时态等,还有日常用语。心理测评题一共有36道题,对于此部分,应聘者保持平常心态作答即可,不要紧张和考虑过多。

(5)试装及形象留影。

机考结束后,工作人员会组织应聘者穿工作制服拍照和录像。拍照环节包含正面照和左右45°照。录像环节主要拍摄应聘者的正面、背面,并会要求应聘者走到镜头前说一句:"欢迎搭乘东航航班"。

温馨提示:

①应聘者应重视身高测量环节,因为在这一环节也有被淘汰的可能性。女

性应聘者若身高未达到163厘米,则应在平时备考时加强"摸高"练习,"摸高"达到212厘米可以弥补身高的不足,从而通过身高测量环节。

②应聘者在面见面试官时应注意走姿和面部表情。应聘者在备考时可以在家对着镜子练习,找到自己微笑、站姿、走姿的最好状态。

③机考是电脑随机抽题,应聘者在答题时要专心,诚实作答。

④在口语面试环节,应聘者应先用双手将信息表交给面试官并问好,再坐下。

⑤在照相、录像时,应聘者应保持自然微笑。

(二)面试准备材料

(1)身份证原件及复印件。

(2)若应聘者已毕业,则应提供毕业证书原件和复印件,以及在学信网下载的、处于有效期内的"教育部学历证书电子注册备案表"。

(3)若应聘者未毕业,则应提供在学信网下载的、处于有效期内的"教育部学籍在线验证报告"。

(4)若应聘者有英语等级证书,则应提供英语等级证书的复印件。

(5)应聘者可以在中国东方航空招聘官网在线打印"东航空勤人员报名表"。

(6)一副耳机(耳机接口为3.5毫米)。

任务三 中国南方航空

任务导入

"南航只要本科学历的空乘人员了","南航新乘入职后要地服一年才能从事乘务工作","南航对身体素质的要求很高,入职体检比以前更严格了",等等,这些都是关于2024年中国南方航空空乘岗位面试的种种传言。看来,成为中国南方航空的空乘人员的门槛更高了,要求更严格了。尽管如此,也并不影响中国南方航空——中国航线最多、机队规模最大的航空公司对于应聘者的吸引力,每场招聘会有超4000位应聘者参加。本任务将详细讲解中国南方航空空乘岗位的面试流程、要点及注意事项,助力应聘者顺利通过面试。

一、中国南方航空集团有限公司简介

中国南方航空集团有限公司(简称中国南方航空),IATA代码为CZ,于1991年2月1

日正式挂牌成立,总部设在广州,是中国运输飞机最多、航线网络最发达、年客运量最大的航空公司,其飞机以蓝色垂直尾翼镶红色木棉花为标志(见图5-3-1)。中国南方航空的企业标识见图5-3-2,空乘人员制服见图5-3-3。

图 5-3-1　中国南方航空航机

图 5-3-2　中国南方航空企业标识

图 5-3-3　中国南方航空空乘人员制服

中国南方航空推出中国首张电子客票,率先提供电子客票网上值机和手机值机服务。"明珠"常旅客服务、头等舱或公务舱旅客享受地面贵宾室服务、中国南方航空中转服务、中国南方航空五星钻石服务热线"95539"等多项服务在国内民航系统中处于领先地位。中国南方航空先后被多家机构授予"中国最佳航空公司"荣誉,并于2004年1月获美国优质服务科学协会授予的全球优质服务荣誉——"五星钻石奖"。2018年6月,中国南方航空荣获中国民航飞行安全最高奖"飞行安全钻石二星奖"。

中国南方航空以"阳光南航"为文化品格,以"连通世界各地,创造美好生活"为企业使命,以"顾客至上、尊重人才、追求卓越、持续创新、爱心回报"为企业核心价值观,大力弘扬"勤奋、务实、包容、创新"的南航精神,致力于建设具有中国特色的世界一流航空运输企业。中国南方航空秉承"客户至上"的理念,提供"可靠、准点、便捷"的优质服务,致力于满足并超越客户的期望。

中国南方航空
相关发展数据

中国南方航空主运营基地为广州白云国际机场、北京大兴国际机场等,其他基地包括深圳宝安国际机场、揭阳潮汕国际机场、长沙黄花国际机场、厦门高崎国际机场、沈阳桃仙国际机场、武汉天河国际机场、郑州新郑国际机场、大连周水子国际机场、乌鲁木齐地窝堡国际机场、湛江机场等。

二、中国南方航空空乘岗位用人标准及素养要求[①]

(1)男女不限。

(2)身高要求:男性应聘者为175~185厘米,女性应聘者为163~175厘米。

(3)获得教育部承认的专科及以上学历;本科及以上学历优先考虑。

(4)应届毕业生优先考虑。

(5)不接受现役军人、武警报名。

(6)专业不限。

(7)无须提供英语等级证书,但面试及笔试环节包含英语相关测试。

(8)具有正常履行岗位职责的身体条件和心理素质,身心健康条件符合民航安全岗位要求;满足中国民用航空局发布的《中国民用航空人员医学标准和体检合格证管理规则》(CCAR-67FS)中的体检相关要求。

(9)须符合中国民用航空局和中国南方航空有关背景调查的要求。

[①]参考中国南方航空招聘官网2023年发布的乘务员岗位招聘简章。

三、中国南方航空空乘岗位面试流程及准备材料[①]

(一)面试主要流程

1 环节一:初试

(1)应聘者分组。

应聘者通常以10人为一组,分组完毕后,在考场外排队等候进场。

(2)应聘者进行自我介绍或只说"南航欢迎您"。

① 自我介绍的内容通常包含应聘者的籍贯、身高、体重、兴趣爱好、特长、所获证书等。应聘者应努力挖掘自身优势,准备的自我介绍内容应精练,不要长篇大论。如果被要求做自我介绍,应聘者要记牢面试官的要求,对于不允许提及的内容不要提及,自我介绍的时长控制在30秒左右最佳,若超时,面试官会进行提醒。

② 如果应聘者比较多,那么在这个环节面试官会让每个应聘者说"南航欢迎您",并左右转体然后绕考场走一圈。

(3)面试官提问。

面试官会对应聘者进行随机提问。应聘者要想问题回答得有逻辑,应在回答前稍做思考,先梳理一下想要表述的内容的层次,再条理清晰地叙述出来,做到落落大方,声音洪亮、清晰,情感充沛,说话节奏不宜太快。切勿想到哪里说哪里,这样会显得表述没有条理。

(4)应聘者初检。

此环节会对应聘者进行初检,检查内容包括应聘者的外形、身高、体重、有无疤痕、色盲等。

2 环节二:复试

(1)应聘者分组。

在复试环节,会先对应聘者进行分组,通常一组为8~10人。面试官为3~4人。

(2)应聘者朗读广播词。

面试官会让应聘者现场抽题,随机选取一篇广播词进行朗读,广播词可能是中文版的,也有可能是英文版的。应聘者在朗读英文时应自信且大方,需要注意的是,未经面试官允许,不能提前查看广播词的内容。

(3)面试官提问。

在这个环节,面试官会对应聘者进行随机提问,内容包括应聘者是否具备才艺或是否获得其他技能证书等。

---

① 参考中国南方航空2023年乘务员岗位面试流程。

3 环节三：终试

终试环节的内容包括：

（1）量身高。

（2）试装照相。

（3）换制服，录指纹，说"南航欢迎您"。

4 环节四：体检

体检分为专业体检和辅助体检，主要检查血常规、血压、心电图、彩色多普勒超声、肝功能、免疫力四项、乙肝五项、血糖、血脂、身高、体重等项目，还包括体格检查、耳鼻喉科检查。需要注意的是，应聘者全身不能有疤痕，不应有影响功能的鼻及鼻窦慢性疾病，不能有假体。

应聘者在体检前几天要注意休息，不要摄入高脂肪、高蛋白的食物。在体检当天早上，应聘者应禁食、禁水，待体检结束后再进食。

（二）面试准备材料

（1）"中国南方航空乘务员应聘申请表"（用A4纸正反打印）。应聘者可登录中国南方航空招聘官网，点击"走进南航"—"资料下载"，下载相关文件。

（2）身份证原件及复印件。

（3）教育部学籍/学历在线验证报告。拥有国内院校教育经历的应聘者应提供在学信网下载的"教育部学籍在线验证报告"（含二维码，剩余有效期超三个月）；拥有国（境）外院校教育经历的应聘者应提供由教育部留学服务中心开具的国（境）外学历学位认证报告的原件及复印件。

（4）外语等级证书（如有）原件及复印件。

温馨提示：

以上材料需经应聘人员亲笔签名，并注明日期。在面试着装方面，男性应聘者应着正装，戴领带；女性应聘者应着裙装，盘发，化淡妆，不应戴美瞳或穿丝袜。

想一想

应聘者要想成功通过中国三大航空公司空乘岗位的人员选拔，除了应具备过硬的身体素质、良好的普通话水平以及英语口语交际能力，还应该具备哪些能力？在平时的学习中，应聘者应该怎样培养和提升这些方面的能力，从而使得面试官在众多的应聘者中向自己抛橄榄枝呢？

任务演练

1. 根据中国三大航空公司的要求准备相应的中文或英文自我介绍。
2. 了解中国三大航空公司的企业文化、空乘岗位用人标准及素养要求。
3. 根据中国三大航空公司空乘岗位的用人标准及素养要求,准备至少五个面试时可能需要回答的问题(中英文)。

项目小结

本项目主要介绍了中国三大航空公司——中国国际航空股份有限公司、中国东方航空集团有限公司、中国南方航空集团有限公司的企业文化、发展历程、空乘岗位招聘要求、空乘岗位面试流程以及相关注意事项。读者在学习完本项目后,可以详细地了解中国三大航空公司的基本信息和空乘岗位面试要求,从而有针对性地准备相应的面试。

项目六　国内中型航空公司空乘岗位面试详解

项目目标

- 知识目标

    (1) 了解国内中型航空公司的基本概况。

    (2) 了解国内中型航空公司空乘岗位的用人标准及素养要求。

    (3) 熟悉国内中型航空公司空乘岗位的面试流程。

- 能力目标

    (1) 能够根据自身情况,确定适合自己的国内中型航空公司。

    (2) 符合国内中型航空公司对于空乘岗位的基本素养要求。

    (3) 掌握国内中型航空公司空乘岗位具体面试环节的题型及应对技巧,做到灵活应对。

- 素质目标

    (1) 树立作为空乘人员应具备的正确价值观。

    (2) 培养作为空乘人员应具备的多元文化适应能力。

    (3) 正确认识国内中型航空公司空乘岗位职责,培养吃苦耐劳的品质,敢于挑战自我。

知识框架

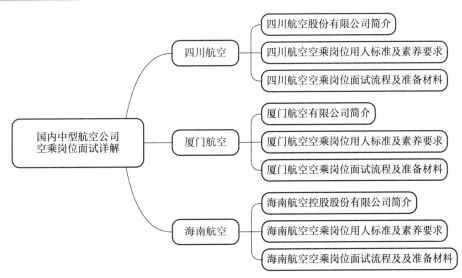

项目引入

除了中国三大航空公司,国内一些中型航空公司同样也受到空乘岗位应聘者的青睐,特别是对于来自这些航空公司所在地或周围城市的应聘者而言。例如,四川航空股份有限公司便是众多来自四川和重庆地区的应聘者心中最理想的航空公司,它每年组织的招聘会都场场爆满。本项目以国内具有代表性的中型航空公司——四川航空股份有限公司、厦门航空有限公司、海南航空控股股份有限公司为例,对这些航空公司的基本信息、空乘岗位面试要求等进行详细的讲解。

任务一 四川航空

任务导入

四川航空股份有限公司总部位于成都。作为中国极具特色的航空公司,四川航空以安全为品牌核心价值,自1988年开航至今,持续安全飞行30余年,为国内最大的全空客机队航空公司。截至2024年4月,四川航空全空客机队运营近200架飞机,年运送旅客量超3000万,航线网络覆盖亚洲、欧洲、北美洲、大洋洲和非洲,为全球旅客提供极具"中国元素,四川味道"的航空服务,其品牌价值超700亿元。

一、四川航空股份有限公司简介

四川航空股份有限公司(简称四川航空)的前身是于1986年9月成立、1988年7月正式开航营运的四川航空公司。2002年8月29日,四川航空进行股份制改造,四川航空集团公司和四川航空股份有限公司同时挂牌成立。我国民航首家跨地区、跨行业、跨所有制、投资主体多元化的股份制航空公司诞生,标志着四川航空的发展进入了一个新的历史时期。2010年12月2日,四川航空集团完成了公司制改革,四川航空集团有限责任公司正式成立,四川航空集团新一轮跨越式发展正式拉开大幕。

四川航空的IATA代码为3U,以四川成都双流国际机场为枢纽机场,在成都、重庆设有基地。四川航空企业标识见图6-1-1,空乘人员制服见图6-1-2。

扫码看彩图

图6-1-1 四川航空企业标识

图 6-1-2　四川航空空乘人员制服

扫码看彩图

四川航空相关
发展数据

四川航空以"美丽川航,美好出行"为使命,以"熊猫之路,连接世界"为愿景,以安全为品牌核心价值。四川航空以成都为总部,立足西南大本营,积极助力成渝地区双城经济圈建设;全国性布局、全球化营运,将"熊猫之路"融入"一带一路",帮助更多的旅客和货邮通达天下。锚定"国内一流""西部领先"目标,四川航空朝着多元化、高质量方向发展,致力于满足人民对美好生活的向往,为地方、国家经济发展建设贡献力量。

二、四川航空空乘岗位用人标准及素养要求

四川航空的招聘团队基本每年都会在各大民航高等院校进行校招,偶尔也会在总部进行社会招聘,招聘对象主要为经验丰富的乘务人员、机务人员、飞行员等。

(一) 工作职责要求

(1) 从事航班客舱服务工作,确保机上服务质量及航班正常。

(2) 上机后检查责任区域紧急设备的数量和质量,检查服务设备情况,确保一切设备运行正常。

(3) 按照乘务长分工,耐心、细致地完成航班的各项服务工作,热情主动地满足旅客的需求。

(4) 服从公司管理,完成航班、驻站任务。

(二)招聘条件

(1)性别:不限。

(2)年龄:18至25周岁。

(3)学历:大专及以上(报到时须取得大专及以上学历证书),专业不限。须提供"教育部学历证书电子注册备案表",可在学信网(www.chsi.com.cn)下载。

(4)语言能力:普通话二级甲等及以上水平;具有一定的英语口语交际能力(上岗前通过四川省大学英语新三级考试)。

(5)身高:165~175厘米。

(6)视力:单眼裸眼视力达到C字形视力表0.3以上。

(7)体检、背景调查:符合民航体检、背景调查条件。

(8)其他条件:体形匀称,无明显的O形或X形腿,无明显的内、外八字;无色盲、色弱、斜视;听力不低于5米;五官端正,肤色好,着夏装时裸露部位无明显的疤痕或色素异常;无精神病史;不晕船晕车;无腋臭;无肝炎、结核、痢疾、伤寒等传染病;口齿伶俐,性格开朗,举止端庄。

三、四川航空空乘岗位面试流程及准备材料

(一)面试主要流程

1 环节一:初试

在初试环节,工作人员会在考场门口核验应聘者身份信息,并收集面试材料。信息核验无误后,工作人员会对应聘者进行分组(一般以10人为一组),并带领应聘者按组依次进入考场内。

进入考场后,应聘者先进行自我介绍,内容包括面试编号、籍贯、毕业院校、身高、体重等。若应聘者人数过多,面试官可能会简化面试流程,直接让应聘者报面试编号、身高、体重。

整组应聘者依次介绍完毕以后,会由位于队首的应聘者带队,经评委席绕场一周后走出考场,在考场外等待结果。通过初试的应聘会收到自己的报名表,背面会写有"初试通过"的字样。

> **温馨提示**:
> 应聘者在经过评委席时,一定要注意与面试官进行眼神交流,不要眼神躲闪,应露出自信的微笑,表现得大方得体。

2 环节二:复试

(1)四川航空的高层领导会作为面试官,参与复试环节。

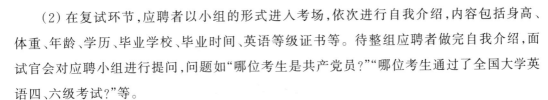

(2)在复试环节,应聘者以小组的形式进入考场,依次进行自我介绍,内容包括身高、体重、年龄、学历、毕业学校、毕业时间、英语等级证书等。待整组应聘者做完自我介绍,面试官会对应聘小组进行提问,问题如"哪位考生是共产党员?""哪位考生通过了全国大学英语四、六级考试?"等。

(3)待回答完面试官的问题后,整组应聘者由位于队首的应聘者带队,经评委席绕场一周后走出考场。应聘者走出考场后不要马上摘下号码牌,可以在考场外耐心地等待几分钟。有些面试官会让自己看好的应聘者再次进入考场,对其进行单独问话。

复试模拟练习

1.要求

应聘者以15人为一组进入复试考场,在听到面试官指令后开始逐一进行自我介绍。应聘者在被面试官单独提问时,不用紧张,大方回答问题即可,问题主要涉及应聘者的职业规划、爱好、选择四川航空的原因等。

2.要点

(1)注意仪表仪态,应展示标准站姿,保持微笑。

(2)在进行自我介绍时,应表述流畅,声音洪亮,使用标准普通话。

(3)在回答问题时,表述应符合逻辑、有层次。

(4)注意面试礼仪,如鞠躬、问好、进门前敲门、开关门礼仪等。

(二)面试准备材料

(1)客舱空乘人员应聘登记表及应聘承诺书。应聘者可以在四川航空招聘官网下载相关文件,贴好一寸彩色照片,并在手写签名处签字。

(2)身份证复印件(含正反面)。

(3)毕业证、学位证(若有)复印件。

(4)毕业于国内院校的应聘者,须提供在学信网下载的、处于有效期内的"教育部学历证书电子注册备案表"及"中国高等教育学位在线验证报告"(若有);毕业于国外院校的应聘者,须提供由教育部留学服务中心开具的"国外学历学位认证书"。

(5)本人五寸生活照(正面全身照)一张。

(6)相关证明材料复印件,包括英语等级证书及技能证书等。

(三)面试着装与仪容要求

(1)女性应聘人员请勿化浓妆,不得贴假睫毛、戴美瞳等。

(2)面试时,应着正装,露出额头、头发不遮盖耳朵。

（3）请携带好体能测试所需的运动服、运动鞋等。

慎思笃行

四川航空英雄机组：万米
高空完成生死迫降

任务二　厦门航空

任务导入

在全球航空公司金融评级中，厦门航空有限公司名列中国航空公司之首。多年来，厦门航空有限公司在保证航空安全、提升服务品质方面做出了不懈的努力，得到了社会广泛认同，并在不断探索创新中形成了具有鲜明特色的经营管理模式。1987—2023年，厦门航空有限公司连年盈利，是国内保持连续盈利时间最长的航空公司，也是唯一一家获得中国民航最高安全奖"金雁杯"三连冠和"金鹰杯"三连冠的航空公司。

一、厦门航空有限公司简介

厦门航空有限公司（简称厦门航空），成立于1984年，是中国首家由中国民用航空局与福建省政府合作创办的按现代企业制度运营的航空公司。2024年是厦门航空成立40周年，在厦门航空总部大楼的党政学习室中，背景墙上习近平总书记指导厦门航空发展的十六字方针——依靠改革、舍得投入、服务规范、以人为本。厦门航空的总部位于福建厦门，IATA代码为MF，以厦门高崎国际机场为基地机场。厦门航空的企业标识见图6-2-1，空乘人员制服见图6-2-2。

扫码看彩图

图6-2-1　厦门航空企业标识

图 6-2-2　厦门航空空乘人员制服

扫码看彩图

厦门航空相关
发展数据

厦门航空主营国内航空客货运输业务,从福建省及其他经中国民用航空局批准的指定地区始发至邻近国家或地区的航空客货运输业务,航空公司间的业务代理;兼营航空器维修、航空配餐、酒店、旅游、广告、进出口贸易等方面的业务。厦门航空的愿景是"绩效卓越,行稳致远",使命是"帮助更多的人行走天下",核心价值观是"诚信、坚毅、和谐、精进"。

二、厦门航空空乘岗位用人标准及素养要求

厦门航空的招聘团队每年会在各大民航高等院校进行校招和社招。

(一)工作职责要求

(1)热爱本职工作。

(2)有较强的服务理念和服务意识。

(3)从事航班客舱服务工作,确保机上服务质量及航班正常。具体包括:做好客舱服务设备及应急设备的检查工作,保证设施设备处于良好状态;处理机上各种突发事件,确保客舱及旅客的安全;服从公司管理,完成航班、驻站任务。

(二)招聘条件

(1)女性应聘者身高为162~173厘米。
(2)拥有教育部承认的大专及以上学历,专业不限。
(3)身材匀称,动作协调,举止端庄,语言流畅,气质较好,有较强的亲和力。
(4)符合民航空勤人员体检、背景调查条件。
(5)着夏装时裸露部位无明显的伤疤或色素异常。男性应聘者无耳洞。
(6)满足中国民用航空局和公司工作背景调查的要求。

三、厦门航空空乘岗位面试流程及准备材料

厦门航空的招聘团队由客舱部经理或乘务大队长、人力资源部经理或副经理等人员构成。

(一)面试主要流程

❶ 环节一:初试

初试环节包括形象初选、资格审核。

在形象初选环节,应聘者以20人为一组进入考场,绕场一周后依次站好,全程不用说话。应聘者若穿长袖衬衣,会被面试官要求挽起衣袖,将手臂的2/3部分露出来,面试官会检查手臂有无伤疤。被检查时,应聘者应全程保持良好的仪态,面带微笑。面试官目测应聘者的形象,初步筛选出基本符合要求的人员。应聘者在得到面试官的指令后,即可离开考场,在考场外等待。

在形象初选环节结束后,面试官会通知基本通过形象初选的应聘者再次进入考场,叫到号码的人员会被要求做自我介绍,内容包括组号、身高、体重、英语等级证书等情况。

❷ 环节二:复试

复试环节在厦门航空总部(厦门)组织实施,由厦门航空为应聘者提供往返机票。复试环节较为重要的部分是英语测试(先口试,再笔试),不符合要求的人员将会被淘汰。英语测试一般难度不大,共50道题,答对25道题即通过。

复试模拟练习

1.要求

应聘者以10人为一组进入考场。进入考场后,应聘者的站姿和走姿应大方、得体,面试官会要求应聘者向左转、向右转、向后转。

英语口试考题示例:

(1)Where's your hometown?
(2)What's your hobby?
(3)What would you like to do in your free time?

(4) What's your favorite animal/movie/food?

(5) Why do you want to be a cabin crew?

2.要点

（1）应聘者应注意自己的面部表情，在面试过程中自始至终保持微笑。

（2）应聘者在组织语言的时候，尽量不要多说"嗯""哦"等语气词，保持流利的语言表达。

3 环节三：终试

终试环节有时会要求应聘者试装，形象气质佳、符合公司要求的，一般一周左右会收到厦门航空发送的通过面试的短信。

（二）面试准备材料

（1）在厦门航空招聘官网"文档下载"区下载"厦门航空乘务岗位应聘报名表"，正反面打印并填好相关内容。

（2）个人简历一份。

（3）身份证原件及正反面复印件。

（4）新鹭程（国际）岗位须提交外语级别证书原件及复印件。

（5）新鹭程（艺术）岗位须提交特长相关证书原件及复印件。

（6）应聘需要丰富工作经验的空乘岗位的应聘者，须提交飞行小时证明、空勤登机证原件及复印件。

（7）应聘者若就读于或毕业于国内院校，须提供在学信网下载的、处于有效期内的"教育部学籍在线验证报告"或"教育部学历证书电子注册备案表"（若有），已毕业的应聘者还需提供毕业证复印件。应聘者若毕业于国外院校，须提供由教育部留学服务中心出具的"国外学历学位认证书"。

（8）本人五寸生活照（正面全身照，非艺术照）一张。

（9）相关证明材料复印件，包括英语等级证书及技能证书等。

慎思笃行

牢记嘱托 厦门航
空展翅再高飞

（三）面试着装与仪容要求

（1）女性应聘者不允许化浓妆，不允许贴假睫毛、戴美瞳等装饰品，不允许穿连裤袜、长筒袜（与要求不符者将不能进入考场）。

（2）男性应聘者应着浅色衬衣、深色长裤、黑皮鞋，打领带。女性应聘者应着浅色上衣、裙装（裙边在膝盖以上3厘米）、深色皮鞋。

（3）应聘者的头发不应遮盖耳朵。女性应聘者应盘发，露出额头。

任务三　海南航空

任务导入

海南航空控股股份有限公司的总部位于海南海口，其总部大楼是一座高达249米的摩天大楼，共有52层，是海南最高的建筑物。该总部大楼不仅是海南航空控股股份有限公司的办公场所，还设有酒店、餐厅、会议中心、商务中心等多功能设施，是海南的地标性建筑之一。海南航空控股股份有限公司致力于为旅客提供安全、舒适、便捷、高效的旅行体验，致力于成为世界一流的综合型服务企业。作为五星级航空公司，海南航空控股股份有限公司是空乘岗位应聘者心目中的热门航空公司，加上海南航空控股股份有限公司对空乘人员需求量也相对较大，为广大空乘岗位应聘者提供了较多的机会。

一、海南航空控股股份有限公司简介

海南航空控股股份有限公司（简称"海南航空"）于1993年1月成立，起步于中国最大的经济特区和自由贸易港——海南，致力于为旅客提供全方位的航空服务，打造安全舒适的旅行体验。海南航空的IATA代码为HU，国内基地包括海口美兰国际机场、北京首都国际机场。海南航空的企业标识见图6-3-1，空乘人员制服见图6-3-2。

图6-3-1　海南航空企业标识

图6-3-2　海南航空空乘人员制服[①]

---

① 图片来源于海南航空官网。

海航集团旗下的航空公司有海南航空控股股份有限公司、天津航空有限责任公司、北京首都航空有限公司、金鹿公务航空有限公司、云南祥鹏航空有限责任公司、金鹏航空股份有限公司等。

海南航空相关
发展数据

海南航空的品牌目标是打造世界卓越航空品牌;品牌理念为"不期而遇,相伴相惜";品牌使命是让旅客感受最人性化的飞行服务体验;品牌个性为"活力、创新、现代东方神韵";品牌核心价值为"人性化、文化体验、超越预期"。

二、海南航空空乘岗位用人标准及素养要求

海南航空的招聘包括社会招聘和校园招聘,主要由人事部、乘务部等部门负责,分为空乘人员专场和成熟空乘人员专场。

(一)工作职责要求

(1)检查紧急设施设备的数量和质量,保证设施设备处于良好状态。

(2)做好客舱卫生,检查厨房、厕所卫生及供水情况。

(3)处理机上各种突发事件,确保客舱及旅客的安全。

(4)服从公司管理,完成航班、驻站任务。

(二)招聘条件

1 教育背景

大专及以上学历,专业不限,能按照要求取得相应学历毕业证书。其中,本科及以上学历人员必须取得相应的学位证书(学历验证以学信网查询结果为依据)。

2 语言

(1)外语口语标准:要求外语口语较为流利,日常交流基本无障碍。

(2)普通话口语标准:要求声母、韵母发音清楚,方言语调不明显。

3 年龄(以面试当天年龄为准)

(1)大专及以上:18周岁(含)~25周岁(含)。

(2)硕士研究生及以上:18周岁(含)~27周岁(含)。

4 身高标准(净身高)

(1)女性应聘者身高:163厘米(含)~175厘米(含)。

(2)男性应聘者身高:173厘米(含)~184厘米(含)。

5 体重标准

(1) 女性应聘者体重(公斤):[实际身高(厘米)－110]×90%～[实际身高(厘米)－110]。

(2) 男性应聘者体重(公斤):[实际身高(厘米)－105]×90%～[实际身高(厘米)－105]。

6 (外语特长空乘人员)外语水平要求

(1) 取得全国大学英语六级证书或同等水平及以上等级证书。

(2) 具备以下任一等级证书。

① 俄语专业四级及以上证书。

② 韩语专业五级及以上证书。

③ 日语N2级及以上证书。

④ 法语专业四级及以上证书。

⑤ 德语专业四级及以上证书。

⑥ 其他语种同等水平的合格证书。

三、海南航空空乘岗位面试流程及准备材料

海南航空人事部会对岗位申请人的简历进行初步筛选,并通知符合要求的应聘者进入面试。

(一) 面试主要流程

1 环节一:初试

在初试环节,应聘者进入面试候场区后,须先扫描现场简历投递二维码,在线填写个人信息,填写完毕后保持安静,耐心等待工作人员点名、分组。

分组完成后,应聘者以10人为一组进入考场,绕场一周后站定,正对面试官,站立约半分钟。应聘者应全程保持微笑,听面试官口令向左转或向右转。随后,会有两位面试官对应聘者进行疤痕检查,全部检查完毕后应聘者可以离场,在考场外等候。

初试结束后,工作人员将于现场公布初试结果。通过初试的应聘者将前往候场区测量身高、录入指纹、进行英语测试。英语测试要求30分钟内完成,共50题,答对20题即通过,考题多为初中的语法题,涉及固定搭配、时态等。

2 环节二:复试

复试流程与初试流程基本相同。应聘者进入考场后,面试官会要求应聘者进行中文自我介绍,并根据应聘者自我介绍的内容进行提问,问题如面试动机、工作经验等。此外,也会涉及乘务工作实务相关问题。之后,面试官会再次确认应聘者的腿型,以及是否高低肩、是否有疤痕等。复试结束后,应聘者可以离开考场,在考场外等待复试结果。复试的通过

率一般是50%左右。

复试模拟练习

1.要求

应聘者以15人为一组进入考场,进入考场后,先由第一位应聘者带队绕场一周,再回到自己的点位,之后进行简短的中文或英文自我介绍,面试官会根据应聘者的自我介绍进行简单的英语提问,应聘者在听到提问之后应该先用"谢谢"或"Thank you for your question"来感谢面试官的提问,再进行回答。

2.要点

(1) 注意仪表仪态,全程保持微笑。

(2) 面试前应熟悉英文自我介绍和航空公司的中英文广播词。

(3) 对于常见考题要提前做好应答准备。

3 环节三:终试

在终试环节,工作人员会再次确认应聘者的身高,然后安排应聘者试装。

应聘者进入考场后,先进行自我介绍,自我介绍完毕以后,面试官会要求每位应聘者阅读并朗读广播词。应聘者应注意保持礼貌、举止优雅。在朗读广播词的环节,如果应聘者发音很标准,会很加分,但如果没有读好也不要灰心,尽可能流利地读完全部内容。

最后,面试官会根据应聘者个人情况进行提问。需要注意的是,应聘者只要参加过海南航空的面试,无论走到面试的哪一环节,公司系统都会有相关记录。面试官会考量应聘者有没有改正以往的不足,并提问应聘者相关的问题。例如:"为什么没有继续参加面试?""你知道前几次面试没有通过的原因吗?那你做了哪些改变?"

终试结束后,应聘者会进入一个摄影棚,带上姓名牌拍摄定妆照,之后完成心理测评就可以回家等待最终结果了。

温馨提示:

海南航空旗下航空公司在职空乘人员或离职时间不足半年的空乘人员原则上禁止参加招聘。此外,符合条件的离职空乘人员应在面试前主动说明身份,未主动说明身份的,按诚信条款予以一票否决,不予引进。

(二)面试准备材料

(1) 身份证复印件(正反面打印)。

(2) 已毕业的应聘者,应提供毕业证、学位证(若有)复印件。

(3) 对于未毕业的应聘者,应提供在学信网下载的、处于有效期的"教育部学籍在线验证报告"。

(4) 英语等级证书的原件及复印件,普通话水平测试等级证书的原件及复印件。

(5) 相关证明材料复印件，包括技能证书等。

(6) 两张一寸蓝底彩色照片，一张五寸生活照(正面,免冠)。

(三) 面试着装与仪容要求

(1) 女性应聘者应着白色短袖上衣(建议选择带V领的上衣,比较显脸小),黑色包臀裙(裙边在膝盖上下3厘米左右),黑色圆头高跟鞋(可根据实际身高来选择鞋跟高度,一般为3~7厘米)。

(2) 禁止佩戴任何首饰,禁止贴假睫毛、做美甲、戴美瞳。

想一想

如果你通过了空乘岗位英语面试,你会怎么做？如果没有通过,你又该怎么做？

任务演练

1. 模拟空乘岗位英语面试中从进入考场到进行自我介绍的流程。
2. 与他人进行简单的英文对话,如与客舱服务相关的对话。

项目小结

本项目主要对国内中型航空公司中具有代表性的三家航空公司,即四川航空股份有限公司、厦门航空有限公司、海南航空控股股份有限公司的基本信息,以及空乘岗位素养要求、空乘岗位面试流程及注意事项等内容进行了讲解。读者通过本项目的学习,能够掌握空乘岗位面试环节的考查重点及应对技巧。此外,依据本项目所设置的"任务演练"模块,读者可以进行实操训练,从而巩固所学知识。

项目七　国内小型航空公司空乘岗位面试详解

项目目标

○ **知识目标**

（1）了解国内小型航空公司的基本概况。

（2）了解国内小型航空公司空乘岗位的用人标准和素养要求。

（3）熟悉国内小型航空公司空乘岗位的面试流程。

○ **能力目标**

（1）能够根据自身情况，确定适合自己的国内小型航空公司。

（2）符合国内小型航空公司空乘岗位的基本素养要求。

（3）掌握国内小型航空公司空乘岗位具体面试环节的题型及应对技巧，做到心中有数。

○ **素质目标**

（1）培养作为空乘人员所应具备的正确价值观。

（2）培养作为空乘人员所应具备的多元文化适应能力。

（3）正确认识国内小型航空公司空乘岗位职责，培养吃苦耐劳的品质，敢于挑战自我。

知识框架

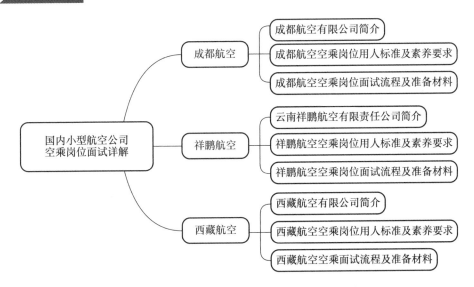

项目引入

随着国内外经济的回升,交通运输业和旅游业都相继恢复正常,一些航空公司争相开辟新航线,谋求可持续发展。民航客运需求的激增使得一些小型航空公司,如成都航空、西藏航空、祥鹏航空、长龙航空等,争相组织空乘岗位招聘会。其中,成都航空以其国企背景、丰厚的薪资待遇,以及员工与公司直接签订劳动合同、员工属地化管理等优势,成为部分应聘者心中的首选。此外,其他几家小型航空公司也各有优势。虽然这些都是小型航空公司,但他们对于空乘岗位招聘工作却并不含糊,有的航空公司将英语测试作为重点,有的航空公司则将文化水平作为重点。下面,就让我们一起来了解几家具有代表性的小型航空公司——成都航空有限公司、云南祥鹏航空有限责任公司、西藏航空有限公司的基本信息及空乘岗位面试流程等。

任务一　成都航空

 任务导入

成都航空有限公司的总部设在美丽的"天府之国"——成都。成都航空是国产飞机ARJ21的全球首家运营商,承载着中国的大飞机之梦,其也成为众多空乘岗位应聘者的理想选择。然而,想要成功通过成都航空空乘岗位面试并不是那么容易的事情。应聘者需要具备什么样的素养及能力,要怎么样准备面试,才能顺利通过选拔呢?或许读者在学习完本项目的内容后,能够对成都航空空乘岗位的招聘流程、人才要求形成基本的认知。

一、成都航空有限公司简介

成都航空有限公司(简称成都航空,Chengdu Airlines)于2010年1月22日由中国商用飞机有限责任公司、四川航空集团有限责任公司、成都交通投资集团有限公司投资重组,注册资金为6.8亿元,开创了国内中央企业、省属企业、市属企业共谋发展、投资建企的先河,承担着国产民机示范运营的战略使命。

成都航空总部设在四川成都,在成都、长沙、沈阳、哈尔滨设有基地,主营运基地设在成都双流国际机场,经营范围包括国内、国际航空客货运输业务和航空器材进出口业务等。成都航空的IATA代码为EU,以四川天府国际机场为枢纽机场,其企业标识见图7-1-1,空乘人员制服见图7-1-2。

图 7-1-1　成都航空企业标识

图 7-1-2　成都航空空乘人员制服

成都航空相关发展数据

在激烈的航空运输市场竞争中,成都航空秉承"服务用心而至"的服务理念,以"成都航空最成都"为品牌文化定位,着力打造成都这座旅游城市"飞行的空中名片",积极宣传成都旅游文化,在不断探索前进中,成都航空建立起一套行之有效的科学管理方法,建成了具有中国民机特色的企业文化体系,致力于为国产民机成功商业运营、建设成都大型国际航空枢纽贡献力量。

二、成都航空空乘岗位用人标准及素养要求

成都航空的招聘团队每年会在各大民航高等院校进行校招,偶尔也会在总部进行社会招聘。

(一) 工作职责要求

(1) 从事航班客舱服务工作,确保机上服务质量及航班正常运行。

(2) 做好客舱服务设备及应急设备的检查工作,保证设施设备处于良好状态。

(3) 处理机上各种突发事件,确保客舱及旅客的安全。

(4) 服从公司管理,完成航班、驻站任务。

(二) 招聘条件

(1) 年龄:30周岁(含)以内。

(2) 学历:大专及以上学历。

(3) 语言能力:具有一定的英语口语交际能力(有时会要求应聘者通过四川省大学英语新三级考试)。

(4) 身体条件:

① 女性应聘者身高为164~172厘米;男性应聘者身高为174~184厘米。

② 满足中国民用航空局发布的《中国民用航空人员医学标准和体检合格证管理规则》(CCAR-67FS)中的体检相关要求。

③ 五官端正,身材匀称,动作协调,着夏装时裸露部位无明显的伤疤和色素异常。男性应聘者无耳洞。

(5) 满足中国民用航空局和公司工作背景调查的要求。

三、成都航空空乘岗位面试流程及准备材料

成都航空的招聘团队由客舱部经理或副经理、人力资源部经理或副经理、保卫部经理等人员构成。

(一) 面试主要流程

1 环节一:海选

在海选环节,应聘者以25人为一组进入考场(在考场内以每排5人站定)。面试官会通过目测初步筛选出基本符合初试要求的人员,被面试官叫到号码的人员需要站出来。如果参加海选的人数不多,工作人员会让应聘者以10人为一组进入考场,做简短的自我介绍,内容包括面试编号、身高、体重等。之后,面试官会要求通过全国大学英语四级考试的人员举手,并用英语对举手的人员进行简单提问,以测试其英语水平。通过前面几个流程的应聘者会前往身高测量处测量净身高(有时身高测量会作为海选环节的第一项),身高不符合要求的人员会被淘汰。

在海选环节,应聘人员应保持良好的仪态,露出富有亲和力的微笑,并按照面试官的要求完成相应的流程。

2 环节二：初试

初试为笔试，一般在海选当天下午进行。初试主要考查应聘者的文化水平，涉及数学、英语、语文、地理等方面的知识，其中英语考查比重最大（题型包括完形填空、阅读等，属于四川省大学英语新三级考试水平），不合格者将会被淘汰。

3 环节三：复试

在复试环节，面试官会要求应聘者依次做自我介绍，并对有疑问或感兴趣的人员进行随机提问，问题如应聘者的职业规划、爱好、选择成都航空的原因等，这便是展示应聘者随机应变能力和表达能力的时候了。应聘者若有才艺，应该积极主动地表现自己，争取让面试官更加了解自己。

应聘者在复试环节需要注意自己的仪表仪态以及与面试官的互动。例如，应聘者进入考场后，应露出自信的微笑，并且要与各位面试官有适度的眼神交流。如图7-1-3所示，应聘者站定后，需保持挺拔的"丁"字步站姿，双手于腹前相握，大拇指不外露。当轮到应聘者发言时，应聘者应向前迈出一小步，先微笑向各位面试官问好——"尊敬的各位面试官，上午/下午好！"然后伴随着最后一个"好"字的发出，做出30°鞠躬的动作。鞠躬完毕后，用普通话做自我介绍，如"我是本组××号，今年××岁，身高×××厘米，体重××公斤；毕业于（就读于）×××大学×××专业。目前已考取×××证书，我的爱好/特长是×××，曾在×××比赛中获得×××奖，谢谢！"

图7-1-3 复试面试现场

温馨提示：

① 应聘者在介绍自己所获得的证书的时候，应保证表述内容的真实性，不可虚报，一经发现，将被视为不诚信，并被淘汰。

② 应聘者的表述应准确，不要混淆"爱好"和"特长"的概念。"爱好"一般是指自己平时喜欢做的事情；"特长"则是指自己特别擅长的项目，且一般是通过等级考试或获得过奖项的。

③ 应聘者在复试环节应全程保持自然、大方的微笑。

复试模拟练习

1.要求

应聘者以10人为一组进入考场,在听到面试官指令后,逐一进行自我介绍。自我介绍完毕后,面试官会随机对几位应聘者提问(涉及应聘者的职业规划、爱好、选择成都航空的原因等)。

2.要点

(1)注意仪表仪态。

(2)自我介绍流畅,声音洪亮,普通话标准。

(3)回答问题时,表述符合逻辑、有层次。

(4)注意面试礼仪,如鞠躬、问好、开关门礼仪等。

(二)面试准备材料

(1)客舱空乘人员应聘登记表及应聘承诺书(在成都航空招聘官网下载,贴好一寸彩色照片,并在手写签名处签字)。

(2)身份证复印件(正反面打印)。

(3)毕业证、学位证(若有)复印件。

(4)应聘者若就读于或毕业于国内院校,须提供在学信网下载的、处于有效期内的"教育部学籍在线验证报告"或"教育部学历证书电子注册备案表"(若有)。应聘者若毕业于国外院校,须提供由教育部留学服务中心出具的"国外学历学位认证书"。

(5)本人五寸生活照一张(正面全身照,非艺术照)。

(6)相关证明材料复印件,包括英语等级证书及技能证书等的复印件。

(三)面试着装与仪容要求

(1)应聘者请勿化浓妆,不得贴假睫毛、戴美瞳等。

(2)应聘者应着正装,露出额头,头发不遮盖耳朵。

(3)应聘者要准备体能测试所需的运动服、运动鞋等。

任务二 祥鹏航空

任务导入

云南祥鹏航空有限责任公司总部坐落于美丽的"春城"——昆明,是一家典型的低成本运营的航空公司。其简单的服务流程被业内人士贴上了"轻松飞行"的标签,这样的特点也吸引了很多应聘者前来面试。然而,应聘者要想成功通过面试,并不是一件简单的事。那么,应聘者需要具备什么样的素养和能力,要如何准备面试,才能顺利通过选拔呢?或许在学习完本任务的内容后,读者能对祥鹏航空空乘岗位的招聘流程、人才要求等形成较为全面的认知。

一、云南祥鹏航空有限责任公司简介

云南祥鹏航空有限责任公司(简称祥鹏航空)为海航航空集团旗下航空公司,成立于2004年6月,是经中国民用航空局批准成立的经营国内、国际航空客货运业务的公共航空运输企业。祥鹏航空总部位于云南昆明,IATA代码为8L,以昆明长水国际机场为枢纽机场,在昆明、成都设有基地。祥鹏航空企业标识见图7-2-1,空乘人员制服见图7-2-2。

扫码看彩图

图 7-2-1 祥鹏航空企业标识

扫码看彩图

图 7-2-2 祥鹏航空空乘人员制服

祥鹏航空相关
发展数据

近年来,祥鹏航空荣获"中国最佳旅游供应商""消费者信赖企业""中国最具发展潜力雇主""中国十佳特色航空公司""公益践行奖""公益集体奖""亚洲领先国内航空奖"等奖项。

未来,祥鹏航空将以客户需求为导向,制定特色的市场产品,培育客舱服务文化,打造祥鹏航空安全、准点的运行品质,为旅客创造真诚、便捷、实惠的出行体验,并致力于扎根云南,立足西南,面向南亚、东南亚,打造具有云南民族文化特色、符合现代出行理念的航空品牌。

二、祥鹏航空空乘岗位用人标准及素养要求

祥鹏航空的招聘团队每年会在各大民航高等院校进行校招和社招。

(一)工作职责要求

(1)从事航班客舱服务工作,确保机上服务质量及航班正常。

(2)做好客舱服务设备及应急设备的检查工作,保证设施设备处于良好状态。

(3)处理机上各种突发事件,确保客舱及旅客的安全。

(4)服从公司管理,完成航班、驻站任务。

(二)招聘条件

(1)年龄。

18周岁(含)～25周岁(含),硕士及以上学历放宽至27周岁(含)。

(2)学历。

大专及以上学历在校生、应届生、往届生,专业不限,能按时取得相应毕业证书(全日制本科及以上学历须提供学位证书)。

(3)语言能力。

要求外语口语较为流利,日常交流基本无障碍,通过全国大学英语四、六级考试者优先考虑。

(4)身体条件。

① 身高:女性应聘者为163～172厘米;男性应聘者为173～184厘米。

② 满足中国民用航空局发布的《中国民用航空人员医学标准和体检合格证管理规则》(CCAR-67FS)中的体检相关要求。

③ 五官端正,形象气质佳,体格健康,裸露部位无文身,无明显疤痕、胎记。

(5)满足中国民用航空局和公司工作背景调查的要求。

三、祥鹏航空空乘岗位面试流程及准备材料

(一)面试主要流程

祥鹏航空的招聘团队由客舱部经理或乘务中队长、人力资源部经理或副经理等人员构成,面试流程包括初试(形象初选)、英语测试、复试、终试。

1 环节一:初试(形象初选)

在初试(形象初选)环节,应聘者以10人为一组进入考场,绕场一周后依次站好,全程一般不用说话。应聘者若着长袖衬衣,则需要挽起衣袖让手臂的下2/3露出来。应聘者全程应保持良好的仪态,露出微笑。面试官会通过目测初步筛选出基本符合初试要求的人员。应聘者在得到离开指令后可离开考场,在考场外等待,被面试官叫到号码意味着通过了形象初选。如果参加面试的人数不多,面试官可能会让应聘者做简短的自我介绍,内容包括面试编号、身高、体重、英语等级证书情况等。

2 环节二:英语测试

在英语测试之前,会进行身高测量,不符合身高要求的人员将会被淘汰。满足身高要求的人员获得参加英语测试的资格。英语测试的难度不大,共50道题,答对20道题即通过。

3 环节三:复试

复试环节的面试官与初试环节的面试官相同。应聘者进入考场,绕场一圈后站定。之后面试官会依次对应聘者进行提问。

考题示例:

(1)谈谈你的爱好。
(2)谈谈你家乡的位置及你选择基地的意向。
(3)谈谈你对机上销售的理解。
(4)谈谈你对祥鹏航空的了解。

这个环节便是应聘者展现随机应变能力和表达能力的时候了。应聘者应保持微笑,冷静作答即可,尽力争取面试官的青睐。应聘者回答完问题后,得到指令便可离开。

复试模拟练习

1.要求

应聘者以十人为一组进入考场,进场后由第一位应聘者带队绕场一周再回到自己的点位站定,全程不用说话,保持微笑即可,站定后依次对面试官的提问进行回答。

2. 要点

(1) 注意仪表仪态,全程应保持微笑。

(2) 注意与面试官的眼神交流,应尽量做到与每一位面试官有眼神的互动,以示尊重。

4 环节四：终试

终试阶段的面试官会发生改变,应聘者需要换上祥鹏航空的制服。应聘者在这个环节需要注意仪表仪态以及与面试官的互动。应聘者进入面试场后,应表现出自信的微笑,并要与各位面试官有适度的眼神交流。应聘者站定后,需保持挺拔的"丁"字步站姿,双手于腹前相握,大拇指不外露。应聘者在发言时,应向前迈出一小步,先微笑着向各位面试官问好："尊敬的各位面试官,上午/下午好！"然后伴随着最后一个"好"字的发出,做出30°鞠躬的动作。鞠躬完毕后用普通话做自我介绍,例如："我是本组××号,今年××岁,身高×××厘米,体重××公斤；毕业于(就读于)×××学校×××专业。目前已获得×××证书。我的爱好/特长是×××,曾在×××比赛中获得×××奖,谢谢！"

温馨提示：

①应聘者在介绍自己所获证书的时候,应保证表述内容的真实性,不可虚报,一经发现,将被视为不诚信,并被淘汰。

②应聘者表述应准确,不要混淆"爱好"和"特长"的概念。"爱好"一般是指自己平时喜欢做的事情；"特长"则是指自己特别擅长的项目,且一般是通过等级考试或获得过奖项的。

③应聘者在复试环节应全程保持自然、大方的微笑。

在终试环节,面试官可能会对有疑问和感兴趣的应聘者提问,所提出的问题与复试的问题类似,应聘者自信大方地作答即可。应聘者在得到离开指令后,便可离开考场,在考场外等待。通过终试的人员会去拍定妆照,录制自我介绍的视频。

(二) 面试准备材料

1 初复试须携带的材料

(1) 一寸电子证件照片一张(图像未经技术处理,存入U盘)。

(2) 身份证原件(无身份证原件者,原则上不能参加面试)。

2 终试须携带的材料

以下材料请携带原件及复印件,并将原件的电子版储存至U盘中。

(1) 身份证原件及复印件。无身份证原件者,原则上不能参加面试。

(2) 一寸电子证件照片一张(图像未经技术处理,存入U盘)。

(3) 英语等级证书(若有)原件及复印件。

（4）提供在学信网下载的、处于有效期内的"教育部学籍在线验证报告"或"教育部学历证书电子注册备案表"（若有）。

（5）毕业证原件及复印件。

（6）学位证（若有）原件及复印件。

（7）应聘者若毕业于国外院校，须提供由教育部留学服务中心出具的"国外学历学位认证书"，以及毕业证、学位证原件及复印件。

（三）面试着装与仪容要求

（1）女性应聘者不允许化浓妆，不允许贴假睫毛、戴美瞳等，不允许穿连裤袜、长筒袜（与要求不符者将不能进入考场）。

（2）男性应聘者应着浅色衬衣、深色长裤、黑皮鞋，打领带。女性应聘者应着浅色上衣、裙装（裙边在膝盖以上3厘米）、深色皮鞋。

（3）应聘者头发应不遮盖耳朵。女性应聘者应盘发，露出额头。

任务三　西藏航空

任务导入

西藏航空有限公司总部坐落于"日光之城"——拉萨，是一家具有民族特色的航空公司，在航班上，旅客可以看见身着藏袍元素制服的空乘人员，也会经常遇到少数民族空乘人员，这也是西藏航空独特的"风景线"。这样的特色也吸引了很多应聘者前来面试。然而，想要成功通过西藏航空空乘岗位面试，需要进行充分准备。那么，应聘者要具备什么样的素养及能力，要怎么样准备面试，才能顺利通过选拔呢？或许在学习完本任务的内容后，读者会对西藏航空空乘岗位的招聘流程、人才要求有较为全面的了解。

一、西藏航空有限公司简介

西藏航空有限公司（简称西藏航空）是经中国民用航空局批准成立的国内首家高高原航空公司，于2011年7月26日正式首航，首航航线为拉萨—阿里。西藏航空总部设在西藏拉萨，在成都、拉萨均设有基地，以拉萨贡嘎国际机场为主运行基地，IATA代码为TV。西藏航空的企业标识见图7-3-1，空乘人员制服见图7-3-2。

图 7-3-1　西藏航空企业标识

图 7-3-2　西藏航空空乘人员制服

西藏航空坚持以"建设具有高高原运行特色的、区域型、国际化的现代航空运输企业"为市场定位,以拉萨、成都为双主基地运行,以重庆基地、西安基地为重要支撑,打造以拉萨、川渝、西安为基地的战略布局,并向华东、中南地区快速发展,实现区内外航线相连接、高平原航线相结合、国内国际航线相支撑的航线网络布局。

西藏航空秉承"和合同心,共创未来"的企业文化理念,以"做世界领先的高高原航空公司"为企业愿景,以"热爱西藏、扎根西藏、建设西藏、服务边疆"为企业宗旨,坚持不懈,不断探索,为往来西藏的旅客构建了一条纯净、祥和的空中桥梁。

西藏航空相关发展数据

西藏航空心怀"和谐、和善、和蔼、和悦、和顺、和美"的服务理念,其服务队伍全力为旅客营造温馨、舒适的全流程乘机体验,打造具有西藏风情的服务特色,以饱满的热情、高度的责任心和使命感为旅客提供更安全、更舒适、更贴心的优质服务。

西藏航空是第一个以高高原机场为基地的航空公司、第一个首航为高高原航线的航空公司、第一个首航使用RNP技术的航空公司、第一个在首航一年内完成西藏区内五个机场的RNP验证飞行的航空公司、第一个实现拉萨夜航常态化的航空公司。

二、西藏航空空乘岗位用人标准及素养要求

西藏航空的招聘团队会根据公司发展需求进行社会招聘,包括面向经验丰富的乘务人员的招聘。

(一)工作职责要求

(1)从事航班客舱服务工作,确保机上服务质量及航班正常。

(2)做好客舱服务设备及应急设备的检查工作,保证设施设备处于良好状态。

(3)处理机上各种突发事件,确保客舱及旅客的安全。

(4)服从公司管理,完成航班、驻站任务。

(二)招聘条件

(1)年龄。

18周岁(含)~25周岁(含)。

(2)学历。

大专及以上学历。

(3)语言能力。

具有一定的英语口语交际能力。

(4)身体条件。

① 身高:女性应聘者为163~173厘米;男性应聘者为174~185厘米。

② 身体质量指数(BMI):18~24。身体质量指数=体重(公斤)/[身高(米)]^2。

③ 身体健康,无不适应飞行的情况,满足中国民用航空局发布的《中国民用航空人员医学标准和体检合格证管理规则》(CCAR-67FS)中的体检相关要求。

④ 五官端正,身材匀称,动作协调,着夏装时裸露部位无明显的伤疤和色素异常。男性应聘者无耳洞。

(5)满足中国民用航空局和公司工作背景调查的要求。

(6)满足以下条件者优先考虑。

① 学历为本科及以上。

② 通过四川省大学英语新三级考试或具备其他外语能力。

③ 接受拉萨、西安、重庆属地化。

④ 为西藏籍高校毕业生,或退伍军人及军属,或有特长。

三、西藏航空空乘面试流程及准备材料

(一)面试主要流程

西藏航空的招聘团队由客舱部经理或副经理、人力资源部经理或副经理、保卫部经理

等人员构成,面试流程包括初试、初检,复试,试装拍照(终试)。

❶ 初试、初检

在初试环节,应聘者以10人为一组进入考场,绕场一周后回到指定点位站定,做简短的自我介绍。应聘者应保持挺拔的"丁"字步站姿,双手于腹前相握,大拇指不外露。轮到应聘者发言时,应聘者应向前迈出一小步,先微笑向各位面试官问好:"尊敬的各位面试官,上午/下午好!"然后伴随着最后一个"好"字的发出,做出30°鞠躬的动作。鞠躬完毕后,用普通话做自我介绍,例如:"我是本组××号,今年××岁,身高×××厘米,体重××公斤,毕业于(就读于)×××大学×××专业。目前已考取×××证书。我的爱好/特长是×××,曾在×××比赛中获得×××奖,谢谢!"

应聘者自我介绍完毕之后,面试官会对其进行走姿、站姿的考查。有时,面试官也会根据应聘者自我介绍和简历的内容对应聘者进行提问。

初试后便是初检环节,初检内容包括身高、视力、疤痕检查等。身高部分,不符合要求的应聘者在这一环节会被淘汰。视力部分,空乘岗位应聘者裸眼视力须达到0.3及以上,安全员岗位应聘者裸眼视力须达到0.7及以上。疤痕检查部分,面试官会逐一确认应聘者有无文身和外伤。

初试、初检环节的淘汰率很高,应聘者在面试过程中应注意讲话语气及声调,保持良好的仪态,露出富有亲和力的微笑,并且应与各位面试官有适度的眼神交流。这些细节都会成为应聘者面试的加分项。应聘者若获得英语等级证书,应在自我介绍时提及。

温馨提示:

① 应聘者在介绍自己所获证书的时候,应保证表述内容的真实性,不可虚报,一经发现,将被视为不诚信,并被淘汰。

② 应聘者表述应准确,不要混淆"爱好"和"特长"的概念。"爱好"一般是指自己平时喜欢做的事情;"特长"则是指自己特别擅长的项目,且一般是通过等级考试或获得过奖项的。

③ 应聘者应全程保持自然、大方的微笑。

❷ 复试

复试环节是全英文面试,应聘者以8~10人为一组进入考场。进入考场后,面试官会要求应聘者用英语进行简短的自我介绍,之后依次进行广播词朗读,不合格者将会被淘汰。这就要求应聘者在备考时多练习中英文广播词,英文自我介绍内容最好能做到烂熟于心。

英语口试模拟练习

1.要求

应聘者以10人为一组进入考场,进入后先由第一位应聘者带队绕场一周,再各自回到自己的点位站定,之后进行简短的英文自我介绍。面试官会对应聘者进行简单的英语提问，应聘者在听到提问之后应该先用"Thank you for your question"感谢面试官的提问，再进行回答。最后，面试官会随机抽取一段广播词让应聘者阅读并朗读。

2.要点

（1）注意仪表仪态，全程保持微笑。

（2）参加面试前，应聘者应熟悉英文自我介绍和航空公司的中英文广播词，并且尽量做到发音标准。

（3）应聘者要提前对常见的考题做好准备，熟悉问题并准备好相应的回答。

3 试装拍照（终试）

试装拍照环节相当于终试，应聘者在换装时要选择适合自己身材的制服，换装完毕后，由面试官为其拍摄全身照，照片会上传给上级领导审核。

温馨提示：

① 应聘者可以提前准备别针或夹子用于调整制服的大小。

② 由于上镜会使人脸显得偏大，应聘者在化妆时可以适当使用修容工具。口红建议选择正红色。

③ 建议应聘者在拍照之前适当补妆。

西藏航空的面试流程比较快，一般一天内就可以走完所有流程。

（二）面试准备材料

（1）身份证复印件（正反面需复印在同一页）。

（2）毕业证、学位证（若有）复印件。

（3）应聘者若就读于或毕业于国内院校，须提供在学信网下载的、处于有效期内的"教育部学籍在线验证报告"或"教育部学历证书电子注册备案表"（若有），已毕业的应聘者还须提供毕业证复印件。应聘者若毕业于国外院校，须提供由教育部留学服务中心出具的"国外学历学位认证书"。

（4）相关证明材料复印件，包括英语等级证书及技能证书等。

（5）一寸彩色照片。

（三）面试着装与仪容要求

（1）应聘者请勿化浓妆，不得贴假睫毛、戴美瞳等。

（2）应聘者应着正装。女性应聘者应着裙装，露出额头，头发不遮盖耳朵。

想一想

如果你并没有通过四川省大学英语新三级考试或全国大学英语四级考试,该如何在空乘岗位面试的英语测试环节争取更好的表现呢?

任务演练

1. 完成初试入场及自我介绍流程实操。

2. 用双语(中文、英文)流利播报:航班确认广播、颠簸广播、落地前安全演示广播。

3. 完成复试入场及自我介绍流程实操。

模拟演练
▼

国内航空公司空乘岗位
面试初复试环节

项目小结

本项目主要介绍了国内小型航空公司中具有代表性的三家航空公司——成都航空有限公司、云南祥鹏航空有限责任公司、西藏航空有限公司的基本情况,及其空乘岗位的素养要求、空乘岗位面试流程以及注意事项。依据本项目对空乘岗位面试具体流程的详细阐述,读者能掌握空乘岗位面试环节的考查重点及应对技巧,做到心中有数,沉着应对。此外,本项目还设计了面试模拟模块,并提供相关视频,为读者形象生动地展现了各航空公司的面试重难点。学生可以根据"任务演练"模块的要求进行实操训练,做到举一反三,巩固所学知识。

第三部分
空乘岗位面试之国外航空公司篇

项目八 中东系航空公司空乘岗位面试详解

项目目标

○ 知识目标

(1) 了解中东系航空公司的基本概况。

(2) 了解中东系航空公司空乘岗位的用人标准和素养要求。

(3) 熟悉中东系航空公司空乘岗位的面试流程。

○ 能力目标

(1) 能够根据自身情况,确定适合自己的中东系航空公司。

(2) 符合中东系航空公司空乘岗位的基本素养要求。

(3) 掌握空乘岗位具体面试环节的题型及应对技巧,做到心中有数。

○ 素质目标

(1) 培养空乘人员所应具备的国际视野。

(2) 培养空乘人员所应具备的多元文化适应能力。

(3) 正确认识中东系航空公司空乘岗位职责,培养吃苦耐劳的品质,敢于挑战自我。

知识框架

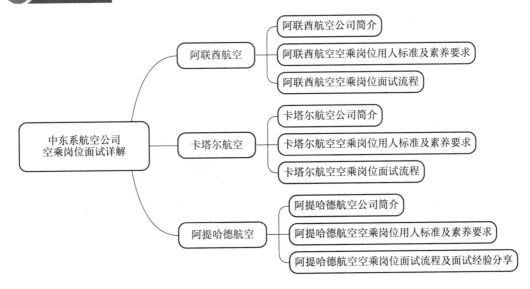

项目引入

近年来,随着全球航空业的迅速发展,加之中国旅客的迅速增加,中东地区各大航空公司对于中国籍空乘人员的需求也随之上升。其中,具有"中东三杰"称号的阿联酋航空公司、卡塔尔航空公司以及阿提哈德航空公司,堪称中东系航空公司的代表,也是众多空乘岗位应聘者心仪的求职公司。丰厚的薪资待遇、人性化的管理、遍布全球的航线、位居前列的业界排名等,这些都是中东系航空公司吸引众多应聘者前来求职的原因。尽管中东系航空公司对于中国籍空乘人员的需求逐年上升,但是这些航空公司在选拔空乘人员的时候仍然坚持"宁缺毋滥"的原则,以保证能够招聘到符合其要求的优秀空乘人员。作为一名应聘者,如何才能在激烈的面试竞争中脱颖而出呢?中东地区各航空公司对于空乘人员的选拔标准是什么?面试流程有哪些?本项目以阿联酋航空公司、卡塔尔航空公司、阿提哈德航空公司为例,对相关方面进行详细的讲解,希望读者在学习完本项目的内容后,能够解开上述疑问。

任务一　阿联酋航空

任务导入

阿联酋航空公司的基地坐落于中东地区最繁华的世界级都市——迪拜。作为五星级航空公司的代表,阿联酋航空公司以其独特的魅力吸引着中国应聘者。然而,想要成功通过阿联酋航空公司空乘岗位面试并不是一件容易的事情。应聘者需要具备什么样的素养,具有哪些能力,要怎么样准备面试,才能顺利通过选拔呢?或许在学习完本任务的内容后,读者会对阿联酋航空公司空乘岗位的招聘流程、人才要求有较为全面的了解。

一、阿联酋航空公司简介[①]

阿联酋航空公司(简称阿联酋航空,Emirates Airline)于1985年成立,是阿联酋航空集团的子公司,由迪拜酋长国政府拥有,总部设于迪拜,以迪拜国际机场为枢纽机场,IATA代码为EK。阿酋联航空公司的企业标识见图8-1-1,空乘人员制服见图8-1-2。

图8-1-1　阿联酋航空企业标识

扫码看彩图

[①]相关图片来源于阿联酋航空官网。

扫码看彩图

图 8-1-2　阿联酋航空空乘人员制服

阿联酋航空致力于提供卓越的客户服务体验,注重细节,努力满足旅客的需求,以为旅客提供舒适、便利和高质量的旅行体验为追求。阿联酋航空鼓励创新,并不断引入新技术和服务来提升旅客体验;追求在业界的卓越地位,不断寻求具有创新性的解决方案来应对市场竞争。阿联酋航空的发展理念是"Fly Emirates, Fly Better"。此外,阿联酋航空强调员工的团队合作,注重协作精神的培养。

阿联酋航空相关发展数据

阿联酋航空的飞行学院是世界上极为先进的培训中心,配备了先进的设施,主要培养对象是飞行员及空乘人员。在空乘人员的培训方面,阿联酋航空特别注重安全培训,其次是服务培训,培训内容包括安全、紧急措施、机上服务、健身和营养、领导能力、医疗等方面。

二、阿联酋航空空乘岗位用人标准及素养要求

(1) 具备一定的客户服务类工作经验。

(2) 能够在团队协作的背景下,保持积极态度,为客人提供高品质的服务。

(3) 男女不限。

(4) 最低学历要求为高中毕业(欢迎应届毕业生)。

(5) 具有流利的英语口语及书面表达能力,具备其他外语能力更佳。

(6) 身高最低要求为1.6米,并且能够垫足摸到2.12米,以确保能够拿到阿联酋航空所有机型的安全设施设备。

(7) 当穿着阿联酋航空制服时,身体裸露部分无文身。

(8) 作为阿联酋航空的空乘人员,将以迪拜为基地进行工作,并且需要符合阿联酋工

作签证的要求。

除此之外,应聘者应以最高的标准要求自己,能够解决工作、生活中的各种问题,并且能够适应并遵守严苛的工作时间表,能够为旅客提供最佳的飞行体验。应聘者须具备多元文化适应能力,并能体现阿联酋航空空乘人员的个性特征:专业、善解人意、不断进步、有远见、国际化。

在面试着装方面,女性应聘者需要盘发、化妆,穿着职业装(白衬衣、西服外套加齐膝包裙为佳)、高跟鞋以及肉色丝袜。男性应聘者需要留短发,保持面部的清洁(须剃须),穿着西服套装及正式的皮鞋(黑色为佳)。

三、阿联酋航空空乘岗位面试流程

阿联酋航空的面试流程主要包括初试、复试、终试三大环节。

(一)环节一:初试

网申通过的应聘者会被安排在上午或者下午进行初试。初试环节不接受未取得报名号的应聘者参加。初试地点选在北京的应聘者,一般会被安排到北京FASCO的总部参加初试;初试地点选在北京以外的城市的应聘者,一般会被安排在所选城市的某星级酒店参加初试。

应聘者在参加初试时需要携带规定的资料,包括:符合标准格式的中、英文简历(在北外航官网人才库系统下载带有考号及条形码的简历),须分页打印;护照尺寸的彩色照片两张(分别贴于中、英文简历的照片位置),全身正装彩色照片一张(订于英文简历后)。

在初试环节,应聘者在递交完简历等资料后,会进行摸高测试,赤脚垫脚摸到2.12米的高度即通过。初试环节的面试官均来自北京FASCO,他们会要求应聘者依次做自我介绍,面试官会提前告知介绍的重点。有时,应聘者会被要求介绍坐在自己旁边的应聘者,内容包括对方的基本信息、工作经验、兴趣爱好或特长。这体现了面试官对应聘者沟通能力和基本的英语口语表达能力的考核,应聘者应运用英语进行风趣且不失礼貌的表述,展现自己的性格优点。

之后,应聘者会与面试官进行一对一问答,由面试官给定一个问题,应聘者用英语作答。总体而言,一对一问答环节难度并不大,内容主要涉及一些社会热点、应聘者的面试动机和个人经历等方面。

初试环节一般会筛掉一半左右的应聘者。通过初试的应聘者,一般会在初试后三四天内收到参加复试的邀请。复试一般会安排在初试后的一周内。

(二)环节二:复试

复试环节一般由北京FASCO组织。面试官中包含两名来自阿联酋航空公司的人员,其中至少有一名面试官为资深空乘人员。在复试环节,首先会由阿联酋航空工作人员进行面试宣讲,组织应聘者观看阿联酋航空的空乘人员招聘宣传片,相关工作人员会对应聘者提出的问题进行答疑。

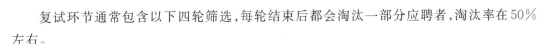

复试环节通常包含以下四轮筛选,每轮结束后都会淘汰一部分应聘者,淘汰率在50%左右。

(1)第一轮为小组讨论。面试官会给定一个情景,让组员在规定的时间内进行讨论,讨论过程中组员可以轮流发言。在小组讨论过程中,两名面试官会站在一旁观察各个应聘者的参与度和一言一行。

小组讨论环节,分析情景是非常重要的。如果应聘者对于情景有疑惑,可以主动向组员求助。轮流发言时,需要注意以下几点:组员在发表观点的时候,应聘者应适当给予回应,以表达对发言者的尊重。应聘者在表达自己的观点前,应适当赞同他人的观点,可以引用并适当点评某位组员的观点,在此基础上,说出自己的观点。当自己的观点被组员反驳的时候,不要急着反驳回去,可以用"赞同一部分+反驳一部分"的方式来应对。

(2)第二轮主要为即兴演讲,形式比较多样,主要表现为以下几种形式。

① 面试官给定一个关键词,要求应聘者围绕关键词展开即兴演讲。

② 面试官将应聘者分组(以三人为一组),并为小组分配卡片,要求小组结合给出的带有客舱场景图片的卡片,讨论并回答卡片后面的问题,小组讨论时间为五分钟左右。讨论结束后,每个组员有一分半钟的时间围绕问题进行演讲,在演讲之前还须做简单的英文自我介绍。

③ 面试者让应聘者抽取写有英文单词的卡片,如"Astronaut""Psychologist""Baker"等,要求应聘者通过自己的表述让在场的人猜测自己所抽取的词。应聘者可以结合自己的理解对单词下一个较为详细的英文定义,并且进行适当的举例,也可加入适当的肢体语言,这样有助于他人理解。

(3)第三轮为笔试,题型包括若干选择题、阅读理解题,以及一篇小作文(内容与客户服务相关)。笔试总体来说难度不大,相当于全国大学英语四级考试的水平。

(4)第四轮为心理测试,题型为选择题。心理测试的结果会反馈给总部,用于后期对入职人员进行分组的参考。

小组讨论模拟练习

(1)小组讨论话题:"There is only one seat available near safety exit position on the plane, and all the passengers want to sit in this position, including nurse, staff, frequency flyer, first-timer, mother with infant, disability. Interviewees are required to discuss in the group, and figure out who should be given this seat, and finally choose one group member to answer."

这个情景设定需要应聘者对安全出口处座位的分配要求有一定的了解。每组有15分钟的讨论时间。在小组代表发言后,面试官会围绕话题对小组成员提问,如"为什么不选带婴儿的妈妈或第一次乘坐飞机的旅客"等。

(2)小组讨论要点。

小组讨论环节主要考查应聘者的团队合作能力和沟通能力,应聘者应尽量做到以下几点:

① 应聘者应尽量积极参与讨论,礼貌询问组员意见。

②应聘者应表现出自己是一个好的聆听者,如通过点头表达自己对他人观点的赞同,或口头回应组员的观点等。

③应聘者应谦虚表达自己的见解,在阐述观点的过程中可提到组员的名字。

④应聘者应对小组讨论的时间进行合理分配和控制。

⑤应聘者应注意表情管理,全程保持微笑。

⑥若应聘者被选为小组代表,在总结陈述的时候应做到条理清晰、从容,注意用语,尽可能多用"We""Our""Team"等词汇。

(3)小组讨论禁忌。

小组讨论是国外航空公司空乘岗位面试的一大特色,这看似简单的环节却能在短时间内显露出应聘者的特质,要想在小组讨论中表现出色,需要讲究分寸和技巧。

因此,在参与小组讨论时,应尽量避免出现以下几类情况:

①话太多。小组讨论环节并不是通过多说来体现应聘者的英语优势的,既然是讨论,就应该有理有据,应聘者简洁地说出自己的观点即可。面试官更看重的是应聘者解决问题的能力。

②插话。插话是非常不礼貌的行为,在小组讨论过程中,每位应聘者都有发言的机会。如果出现时间快结束了还没有轮到自己发言的情况,应聘者可以举手示意,大胆地说:"Sorry guys, can I say something?"

③太强势。尽量不要总以"I think"开头,要虚心听取别人的意见,听完他人的观点之后,可先说"I agree with you",再说出自己的想法。

④做出体现负面情绪的肢体语言,如讨论时双臂交叉、噘嘴、皱眉、跷二郎腿等。

⑤在小组讨论过程中,频繁望向面试官。在小组讨论环节,应聘者要做的便是积极参加小组讨论,不要太在意面试官的存在。应聘者若被选为小组代表,可以在总结发言的时候再跟面试官进行适当的眼神交流。

(三)环节三:终试

在终试环节,应聘者将与面试官进行一对一或者一对二的交流,每位应聘者的终试时间为30~60分钟。

有时,面试官会先让应聘者做自我介绍,然后围绕应聘者的个人简历提一些更具体的问题,并要求应聘者举例证明自己所述观点。例如,如果应聘者告诉面试官,自己是从事市场方面的工作的,面试官就会问及市场方面的工作的具体内容,并要求应聘者举例说明其在工作中遇到的比较棘手的困难,以及是怎么克服这个困难的。面试官在应聘者阐述的过程会做记录,还会再次确认某些应聘者描述得不够清晰的点。应聘者要想在这个环节表现出色,应该提前准备一些可以用于这个环节的事例。同时,应聘者在讲述如何克服工作困难的时候,不仅要讲自己付出了哪些努力,还可以提到自己是如何与团队配合解决工作难题的,从而展现出自己的团队协作能力,这一方面是作为一名空乘人员所应具备的素养。

面试官有时会要求应聘者结合实例谈谈自己的多元文化适应能力。如果应聘者具备相关出国留学、工作的经验,可以大胆地分享自己是如何与不同国籍的同学或同事相处的,或是如何合作完成学习或者工作任务的。如果应聘者没有在国外长期学习或生活过,那么针对这类问题,应聘者在描述的时候,可以谈谈自己去国外旅行的经历,如谈谈在某个国家或地区旅行的故事,谈谈对当地语言、当地文化的理解等。若应聘者没有任何出国的经历,可以结合我国多元民族文化谈谈自己的理解。

面试官有时会问到应聘者的面试动机。这类问题没有标准答案,应聘者可以结合阿酋联航空的相关情况(如遍布全球的航线、先进的机队、优质的服务、丰富的培训机会等),以及乘务工作的特点,谈谈自己的真实想法。若应聘者为应届毕业生,没有工作经验,也不用过于担心,因为应届身份在招聘中是受欢迎的,面试官会结合应聘者的校园经历和实习经历进行提问。

此外,应聘者在面试过程中的语速也很重要,注意不要语速过快,应尽量表达清楚自己的观点。当表述完毕,又觉得自己讲得不够清楚,或者不够好的时候,应聘者可以主动告诉面试官自己很乐意再为其做出解释——"Please let me know if you want me to clarify anything, I hope I had made myself clear"。其实很多句式都可以表达这个意思,应聘者应尽量选择自己熟悉并且能够流利表达的语句,不用纠结于英式口音或美式口音,面试官会考虑到应聘者国籍的因素,包容其英文发音的不足。

想一想

应聘者若英语能力不够出色(非英语专业,或未在国外长期学习、生活过),在阿联酋航空空乘岗位全英文的面试中,应该如何扬长避短,做到脱颖而出呢?

任务演练

1. 以下给出了阿联酋航空空乘岗位面试中小组讨论环节的常考话题,请围绕该情景进行小组讨论。

If you are the hotel receptionist, there are only 4 rooms available for check-in, but in front of you are: hotel Gold card members, couples on honeymoon trips, guests with babies, elderly people in wheelchairs, celebrities, and hotel managers. Which guests will you let in first.

2. 以下给出了阿联酋航空空乘岗位面试终试环节的常见考题,请模拟作答。

(1) Introduce yourself.

(2) Tell me about the most challenging things you have ever met.

(3) Give one example of you ever got praised by a customer or your management.

任务二　卡塔尔航空

　　作为五星级航空公司,卡塔尔航空公司以其高品质的服务、先进的机上设施设备、完善的世界顶级机场配套设施,成为中东地区又一家举世瞩目的航空公司。2023年6月,世界航空大奖颁奖典礼在法国巴黎航展举行,卡塔尔航空公司获得了"全球最佳商务舱""全球最佳商务舱座位""全球最佳商务舱休息室"(哈马德国际机场的AI Mourjan休息室)和"全球最佳商务舱休息室餐饮"四个奖项,总排名位居全球第二,仅次于新加坡航空公司。

　　卡塔尔航空公司对中国籍空乘人员的需求量较大,每年保持着2~4次的招聘频率,这也为我国有志于"全球飞"的空乘岗位应聘者提供了良好的面试机会。

一、卡塔尔航空公司简介[①]

　　卡塔尔航空公司(简称卡塔尔航空,Qatar Airways)成立于1993年,于1994年正式开始商业飞行,是卡塔尔的国家航空公司,总部设在多哈,为寰宇一家联盟的成员,IATA代码为QR。卡塔尔航空的企业标识见图8-2-1,空乘人员制服见图8-2-2。

扫码看彩图
▼

图8-2-1　卡塔尔航空企业标识

扫码看彩图
▼

图8-2-2　卡塔尔航空空乘人员制服[②]

---

①相关图片来源于卡塔尔航空官网。
②图片来源于阿提哈德航空官网。

卡塔尔航空近年来屡获殊荣,如2023年荣获"全球最佳商务舱""全球最佳商务舱座位""全球最佳商务舱休息室"和"全球最佳商务舱休息室餐饮",自2004年以来一直保持着"五星级航空公司"的荣誉称号等。作为行业创新和数字化应用的领导者,卡塔尔航空公司网站还被评为"全球最佳航空公司网站"。

卡塔尔航空相关发展数据

卡塔尔航空是中东地区第一家获得国际航空运输协会环境评估(IEnvA)最高级别认证的航空公司,该计划基于公认的环境管理体系原则(如ISO 14001)。作为2016年《白金汉宫宣言》的首批签署方,卡塔尔航空成为全球首家获得防止航空非法野生动植物贩运行业标准认证的航空公司。

二、卡塔尔航空空乘岗位用人标准及素养要求

卡塔尔航空在选拔空乘岗位应聘者的时候更加看重应聘者的内在,注重应聘者的工作经历及生活阅历,青睐充满活力、热爱挑战、善于交际、尊重多元文化、具有韧性的应聘者。

卡塔尔航空空乘岗位用人标准及素养要求包括以下几个方面:

(1) 年满21周岁。

(2) 女性应聘者身高高于1.575米,并且能够垫足摸到2.12米,体重标准。

(3) 男性应聘者身高高于1.68米,并且能够垫足摸到2.12米,体重标准。

(4) 拥有高中及以上学历。

(5) 有相关服务业(如航空业、旅游业等)工作经验更佳。

(6) 身体健康。

(7) 拥有流畅的英语口语及书面表达能力。

(8) 外形气质佳。

(9) 拥有良好的皮肤状态。

(10) 热情、友好、平易近人。

(11) 掌握第二门外语更佳。

(12) 应持有至少还有一年有效期的护照。

(13) 不抽烟。

(14) 愿意接受并有能力从事轮班工作。

除此之外,应聘者须有能力适应快节奏的工作环境,并且在团队中表现出色,能够展示出个人在提供高品质客户服务、专业化服务和优质客户体验等方面的胜任力。卡塔尔航空会在中国的不同站点连续开展空乘人员招聘,因此,该公司要求参加了卡塔尔航空面试但未通过的应聘者,在6个月内不允许再次参加该公司的招聘。

在面试着装方面,可参考任务一中提到的阿联酋航空空乘岗位面试着装要求。应聘者若为空乘专业的学生,可穿着得体的本专业制服参与面试,但要注意裙装的长度(裙装下摆须齐膝盖)。

三、卡塔尔航空空乘岗位面试流程

(一)环节一:初试(Open Day,OD)

初试环节一般由北京FASCO进行组织,初试的面试官为来自北京FASCO的工作人员(中国籍)。

温馨提示:
参与卡塔尔航空空乘岗位初试环节的应聘者的人数一般为200~300人,因此,建议应聘者提前30分钟到达考场,简单熟悉考场环境,整理好自己的心态和仪容仪表,以良好的状态参加面试。

在初试环节,应聘者首先会进行摸高测试,双脚垫脚摸到2.12米即达标。之后应聘者会与面试官进行一对一对话,在这一部分,由应聘者先做简单的自我介绍,面试官再随机提问,内容涉及社会热点、应聘者的兴趣爱好、学业情况,以及乘务工作实务等方面。有时面试官会要求应聘者阅读一篇给定的英文文章,并回答与文章相关的1~2个问题。

在英语自我介绍方面,建议应聘者将时长控制为1~1.5分钟,简要概述自己的基本信息,包括学习情况、工作经历、兴趣爱好、优势等。总之,把握住自我介绍的时间和内容都很重要。

常见考题示例:

(1) What's your opinion about AI?
(2) Tell me about the university you graduated from.
(3) What's your favorite music?
(4) What do you think about in-flight service?
(5) If you have children, will your family support you to join Qatar Airways?
(6) Why do young people in China like pop music so much?

一般情况下,面试官主要围绕一个话题进行提问。建议应聘者提前准备好常见考题的应答,以便在面试的不同环节都可以用得上。此外,在表述时,应注重条理性,厘清思路,用总分的结构,先说出自己的观点,再举出一些例子支撑观点。

初试的结果一般在当天晚上就会公布,通过率一般为1/2~2/3。

(二)环节二:复试(Assessment Day,AD)

复试一般也由北京FASCO负责组织,面试官包含两名来自卡塔尔航空的工作人员。复试环节会先进行英语笔试,再进行一对一面试。英语笔试结束后,成绩不达标的应聘者会被刷掉,通过英语笔试的应聘者才可以参加一对一面试。

1 英语笔试

英语笔试包括20道题,第1题至第10题需要应聘者选出与题干最贴切的近义词、介词等,属于简单的词汇和语法选择题,内容与乘务英语相关。第11题至第20题属于阅读理解题,分为判断题和选择题,一共两篇文章,内容涉及卡塔尔景点、哈马德国际机场、卡塔尔航空的CEO等。总体而言,英语笔试难度不大,与我国大学英语四级考试难度相似,要求在20分钟内完成,这就需要应聘者把控好考试时间。

2 一对一面试

一对一面试包括外形检查和一对一谈话两部分。

(1) 外形检查。

外形检查包括摸高测试以及对皮肤、牙齿等的检查。

摸高测试会要求应聘者进行踮脚(须脱鞋)摸高,要求三根手指(食指、中指、无名指)均摸到2.12米。建议身高不足1.63米的应聘者在参加复试前,一定要进行自测,勤加练习,多做拉伸运动。一般情况下,只要净身高达到1.6米,通过练习是可以摸到2.12米的高度的。

卡塔尔航空对于皮肤的检查比较严格。摸高前,面试官会与应聘者进行沟通,明确要求应聘者在相应的表格中填写身上存在的所有疤痕的相关情况。具体检查时,主面试官会近距离观察应聘者身体未被制服覆盖部分的比较明显的疤痕和凸起的痣或疤痕增生,一些可能会被忽视的很细小的疤痕也会被面试官询问,一些较为明显的痘印也会引起主面试官的注意。

(2) 一对一谈话。

一对一谈话环节总共有3~4个问题,全程用时5分钟左右,主要考查应聘者的英语表达能力、外貌、气质和谈吐、性格、应变能力等。谈话问题主要围绕应聘者的工作经历,以及与高质量的客户服务有关的内容等。一些应聘者曾被问到如"What is the best service from your perspective?""What motivates you most at work?""Which kind of person you refuse to work with?""What's your current job?"等问题。应聘者在回答问题时,不必紧张,应表现出真诚的态度,保持优雅得体的形象,围绕空乘人员所需具备的核心职业素养进行作答。

(三)环节三:终试(Final Interview,FI)

经过初试、复试的激烈刷选,能够进入卡塔尔航空终试的应聘者一般为20~30人。卡塔尔航空的终试采用二对一的方式进行,即两位来自卡塔尔航空的面试官考核一位应聘者。首先,面试官会再次检查应聘者的形象,确认其皮肤上的疤痕情况,必要时,应聘者需要进行合理的解释。随后,面试官会通过提问的形式进一步了解应聘者的情况,这些问题围绕应聘者的个人经历展开,特别是工作经历、客户服务、团队协作及解决困难等方面。有时候面试官会先让应聘者做一个简单的自我介绍,再对应聘者进行提问。

终试问题示例:

(1) Introduce your working experience and background shortly.
(2) Talk about one example of you helping someone at work.
(3) Talk about one example of a mistake you made at work.
(4) Talk about one of your performances that exceeded customer expectations.
(5) Talk about one example of how you handled a difficult situation.
(6) Can you serve alcoholic beverage?
(7) Talk about one example of how you handled a customer complaint.
(8) How do you deal with culture conflict?

一般面试官会根据情况提出6~7个以上类别的问题,这些问题需要应聘者结合具体的例子进行详细阐述。应聘者若在终面时遇到一些意料之外的情况,类似于遇到压力面试时,一定要积极乐观地应对,保持理性和得体,开动脑筋,在表达时体现逻辑性,并注意控制好自己的面部表情。

想一想

卡塔尔航空与阿联酋航空在空乘岗位面试流程上有哪些区别?与阿联酋航空相比,卡塔尔航空在考核应聘者时,更加注重哪些方面?若你是应聘者,应该如何准备卡塔尔航空的空乘岗位面试?

任务演练

请结合以下考题,模拟卡塔尔航空空乘岗位面试的初试环节。

1. Can you please introduce yourself?
2. How much do you know about Qatar Airways?
3. Tell me something about artificial beauty.
4. What impressed you most when you studied/worked aboard?
5. What's your favorite music?
6. Please share some good things that happened to you.
7. How do you understand inflight service?
8. Talk about some of the differences between the airline you currently work for and Qatar Airways.

任务三　阿提哈德航空

 任务导入

阿提哈德航空是阿联酋的国家航空公司（100%政府独资），是中东第四大航空公司，优厚的福利待遇和人性化的管理模式使其一点儿也不逊色于其他航空公司。

一、阿提哈德航空公司简介

"阿提哈德"在阿拉伯语中的意思是"联合"或"团结"，这个名称代表了阿联酋的七个酋长国（阿布扎比、迪拜、沙迦、阿治曼、乌姆盖万、哈伊马角和富查伊拉）的统一。阿提哈德航空公司（简称阿提哈德航空，Etihad Airways）是阿联酋的国家航空公司，IATA代码为EY，总部设在阿联酋首都阿布扎比，是阿联酋第二大航空公司，仅次于总部位于迪拜的阿联酋航空。阿提哈德航空于2003年正式开始商业运营，以阿布扎比国际机场为枢纽机场。阿提哈德航空的企业标识见图8-3-1，空乘人员制服见图8-3-2。

图8-3-1　阿提哈德航空企业标识

扫码看彩图

图8-3-2　阿提哈德航空空乘人员制服[①]

扫码看彩图

---

① 图片来源于阿提哈德航空官网。

阿提哈德航空
相关发展数据

阿提哈德航空的头等舱为旅客提供顶级的服务,包括提供独立的私密空间,配备豪华座椅、独立淋浴间和迷你吧台,让旅客在飞行途中享受到尊贵、非凡的体验。此外,头等舱旅客还可享受私人管家服务、定制菜单以及独特的文化娱乐体验,实现需求的全方位满足。

二、阿提哈德航空空乘岗位用人标准及素养要求

作为一家"全球飞"的国际性航空公司,阿提哈德航空的招聘团队会在世界各地为阿提哈德航空寻找最适合的空乘人员。阿提哈德航空空乘岗位用人标准及素养要求包括以下几个方面。

(1) 申请职位时,应聘者须满21周岁。
(2) 身高须在1.61米及以上,并且能够垫足摸到2.12米(单臂即可)。
(3) 能够通过创新服务激励旅客。
(4) 具备流利的英语口语交际能力,以及良好的英语理解能力。
(5) 学历至少为高中毕业(北京FASCO要求学历至少为大专毕业)。
(6) 穿着阿提哈德航空制服时,不能看到文身,身上不能有穿孔(不能进行遮盖或掩饰)。
(7) 能够很好地适应不规律的工作作息。
(8) 热爱旅行和冒险。
(9) 能够接受新的事物、人及环境。
(10) 能够适应快节奏的社会发展和变化的环境,并茁壮成长。
(11) 个人表现优秀,形象良好。
(12) 能够保障客舱安全并遵守所有流程规范。

阿提哈德航空适合有一定英语基础(英语口语表达流利)的、愿意生活在阿联酋且自理能力较强的应聘者。相较于其他航空公司,阿提哈德航空在面试妆容方面的要求较为宽松,应聘者可以化一个中东系的职业妆容,但注意不要太夸张。女性应聘者最好涂指甲油,指甲油颜色选用红色或透明色等。在饰品选择方面,以珍珠耳钉为佳。尽管阿提哈德航空允许空乘人员在飞机上佩戴眼镜,但在面试时,应聘者佩戴隐形眼镜更好。阿提哈德航空的公司文化相对开放,包容度很高,其培训任务比亚洲航空公司简单。

三、阿提哈德航空空乘岗位面试流程及面试经验分享

阿提哈德航空空乘岗位的招聘风格与阿联酋航空和卡塔尔航空略有不同,阿联酋航空

和卡塔尔航空几乎每年都会到中国招聘空乘人员,但阿提哈德航空却是在非常缺人的时候才会来中国进行招聘,因此,相较于阿联酋航空和卡塔尔航空,阿提哈德航空的面试机会较少。建议想要实现"全球飞"梦想、成为国外航空空乘人员的应聘者不要局限于应聘阿提哈德航空的空乘岗位,可以把申请范围扩大到中东地区的三大航空公司,这样一来面试的机会会增加很多,毕竟阿提哈德航空并不会每年都来中国招聘,其面试机会可遇而不可求。此外,与阿联酋航空和卡塔尔航空相比,阿提哈德航空的招聘效率更高,应聘者在投递简历后,能较快收到接受信(或拒绝信)。每次招聘时通过面试的应聘者的人数由阿提哈德航空决定,人数并不是固定的,一般情况下为10~30人。

阿提哈德航空的面试流程主要包括初试、复试和终试。

(一)初试

在初试环节,应聘者首先会被要求赤脚垫足摸高达到2.12米。之后,面试官可能会要求应聘者做一个简短的自我介绍。建议应聘者准备好1~2分钟的英语自我介绍,包含个人基本信息、性格特点、面试动机以及相关工作经验等内容。面试官可能会根据应聘者的自我介绍对其进行随机提问。有的应聘者在初试环节没有被要求做自我介绍,而是被要求用一个英文单词来描述自己。这其实是面试官在用另一种方式了解应聘者,这种方式更加突出重点,并且能够考验应聘者的应变能力。有时会出现阿联酋航空和阿提哈德航空先后来中国招聘空乘人员的情况,通过阿联酋航空初试的应聘者会收到北京FASCO的通知,表示其可以免去阿提哈德航空的初试,直接参加复试。

(二)复试

阿提哈德航空的复试流程包括:自我介绍、摸高(2.12米)测试、文身、疤痕检查、随意聊天(Random Talk)、随机选取图片或物品要求应聘者发表自己的看法、笔试(选择题+小作文,限定20分钟内完成)、小组讨论(以7~8人为一组)或情景模拟(一对一角色扮演)等。

在情景模拟环节,常见的情景描述如"假设你现在是空乘人员,有一位旅客在航空餐食里吃到头发,你会怎么处理?""旅客预订了素食餐,但在乘机过程中并没有得到素食餐,应该如何处理?"等。这类考题的解题思路是先向旅客道歉,再给旅客免单,并根据旅客的需求尽可能地提供相应的服务以弥补这个错误,使旅客满意。

(三)终试

阿提哈德航空终试时间为15~30分钟,一般情况下,现场有两位面试官,一位主要负责提问,另一位主要负责记录。终试的通过率为50%左右。在终试环节,除了注意妆容、仪态,保持良好的心态以及在表述时体现思维的条理性也非常重要。面试官大多围绕应聘者的过往经历(如工作、学习、人际交往等方面)进行提问。有执飞经验的应聘者可以预先回顾所遇到的特殊案例(如解决机上旅客纠纷等)及所得到的感悟。若应聘者没有执飞经验,可以结合自身实习经历或生活经验作答,但需要注意的是,应聘者应以真诚的态度如实作答,所举的例子应当具有相关性、说服性。

终试常见考题示例:

(1) 你为什么选择应聘阿提哈德航空？
(2) 你为什么想成为空乘人员？
(3) 谈谈你对乘务工作的理解。
(4) 请结合自身经历，谈谈你对团队合作的理解。
(5) 你在工作中是否遇到过同时处理很多件事情的情况，你是如何处理的？

项目小结

本项目主要介绍了中东系航空公司中极具代表性的三家航空公司，即阿联酋航空、卡塔尔航空、阿提哈德航空，包括这三家航空公司的基本情况、空乘岗位的面试流程及对空乘人员的素养要求。本项目的学习内容有助于读者根据自身情况确定适合自己的中东系航空公司，掌握具体面试环节的题型及应对技巧，做到心中有数、沉着应对。

项目九 日韩系航空公司空乘岗位面试详解

项目目标

○ **知识目标**

(1) 了解日韩系航空公司的基本概况。

(2) 了解日韩系航空公司空乘岗位的用人标准和素养要求。

(3) 能够以大韩航空及全日空为例,详细解析日韩系航空公司空乘岗位的面试流程。

○ **能力目标**

(1) 能够根据自身情况,确定适合自己的日韩系航空公司。

(2) 符合日韩系航空公司空乘岗位的基本素养要求。

(3) 掌握日韩系航空公司空乘岗位具体面试环节的题型及应对技巧。

○ **素质目标**

(1) 培养国际视野。

(2) 培养多元文化适应能力。

(3) 正确认识日韩系航空公司空乘岗位职责,具备韧性,培养吃苦耐劳的品质。

知识框架

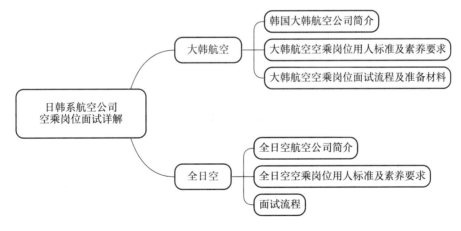

项目引入

日本、韩国与中国的交往密切,从航线数量、航班量、旅客数量等数据便能体现出来。本项目主要对极具代表性的两家五星级日韩系航空公司——韩国大韩航空公司和全日空航空公司进行讲解,并具体分析了相关空乘岗位的招聘要求、面试流程及注意事项,旨在为有意于申请日韩系航空公司空乘岗位的应聘者答疑解惑。

任务一　大韩航空

身穿蓝白相间的贴身制服，梳着完美发髻的韩国大韩航空公司的空乘人员，无论是在机上还是在世界各大机场，都是一道亮丽的风景线。女性空乘人员轻盈高挑的身材、优雅的姿态、精致的妆容，以及举手投足之间流露出的亚洲女性特有的美，让人赞叹不已，加之优质的客户服务，为韩国大韩航空公司赢得了良好的声誉，深受广大旅客的喜爱和空乘岗位应聘者的青睐。韩国大韩航空公司对于空乘人员的选拔要求十分严格，应聘者不仅要深入了解韩国大韩航空公司文化以及韩国文化，还要不断提升自我，以达到相应岗位的素养要求。

一、韩国大韩航空公司简介

韩国大韩航空公司(简称大韩航空，Korean Air)，又称"大韩航空株式会社"，成立于1969年，前身是1946年成立的韩国国家航空，总部位于韩国首尔，IATA代码为KE。大韩航空是大韩民国最大的航空公司，同时也是亚洲极具规模的航空公司之一，是天合联盟和韩进集团的成员。仁川国际机场是大韩航空的国际枢纽港，经营欧洲、非洲、亚洲、大洋洲、北美洲及南美洲航线；而金浦国际机场则是大韩航空的国内枢纽港。大韩航空的飞机和企业标识分别见图9-1-1、图9-1-2。

图9-1-1　大韩航空飞机

扫码看彩图

图 9-1-2　大韩航空企业标识

扫码看彩图

大韩航空相关
发展数据

　　大韩航空的空乘人员制服(见图 9-1-3)非常有特色,是大韩航空的一大亮点,其最新的空乘人员制服是由善于在传统和现代的概念中融合东西方美学的意大利设计师詹弗兰科·费雷(Gianfranco Ferré)精心设计的。2005年3月24日,大韩航空发布全新的制服设计,这款制服不仅采用具有伸缩性的面料进行人体工学设计,还首次为女性空乘人员设计了裤装,更便于女性空乘人员工作。这款制服彰显了韩式优雅,其中,空乘人员的制服外套为白色,乘务长的制服外套为天蓝色。

图 9-1-3　大韩航空空乘人员制服

扫码看彩图

二、大韩航空空乘岗位用人标准及素养要求[①]

　　大韩航空主要通过北京FASCO面向社会招聘中国籍空乘人员。有时,在韩国就读于与大韩航空有合作关系的大学的中国籍空乘岗位应聘者,可参加大韩航空的校招。

---

①参考FASCO官网2019年6月发布的空乘岗位招聘公告。

大韩航空对中国籍空乘人员的应聘要求包括：

(1) 女性，中华人民共和国公民。

(2) 身高162厘米以上。

(3) 大专以上学历。

(4) 矫正视力达到1.0以上。

(5) 良好的英语听、说、读、写水平，相当于托业考试成绩550分以上（可以用CET证书或其他证书替代）。

(6) 身体健康，适合从事空勤乘务工作。

(7) 精通韩语者优先考虑。

三、大韩航空空乘岗位面试流程及准备材料

大韩航空中国籍空乘人员社招面试包括初试、复试、终试。前两个环节允许应聘者在中国参加，最后的终试环节需要应聘者前往韩国参加，且终试环节包含的流程较多。

（一）面试主要流程

1 环节一：初试

在初试环节，应聘者被分为若干个小组，每组8~10人；面试官通常有3位；面试时间为10分钟左右。进入考场后，面试官会要求应聘者先做英语自我介绍，然后围绕其简历进行提问。有的面试官可能会单独提问会韩语的应聘者，问题如在韩国就读的学校及专业的名称、就读时与韩国同学的相处情况等。

2 环节二：复试

在复试环节，应聘者以5~6人为一组，接受面试官（3~4位韩国籍面试官）考核。考核内容一般包括：英语自我介绍、英文版的机上广播词朗读（选考）、面试问答（围绕应聘者简历内容进行提问）。

复试常见考题示例：

(1) What is your favorite book?

(2) What is your favorite food?

(3) What's your favorite color?

(4) What's your favorite city?

(5) What's your hobby?

(6) Please introduce your hometown.

(7) What would you like to do in your free time?

(8) What would you like to do when you feel sad?

(9) Why do you want to join Korean Air?

(10) Why do you want to be a cabin crew member?

(11) What's your career plan after joining KE?

(12) What do you know about cabin crew job?

(13) Do your parents agree with you to be a cabin crew member?

(14) What's your major? And there is no relationship between your major and cabin crew job, what do you think of that?

(15) If there was a baby crying in the cabin, what would you do?

(16) What would you like to do when you face pressure in your life and work?

3 环节三:终试

终试一般在韩国首尔组织,整个行程约3天,由大韩航空承担所有费用。

行程安排:

① 第一天:上午为游泳测试,下午为体能测试。

② 第二天:上午为英语测试,每位应聘者会被分配一位面试官。面试官会要求应聘者读广播词,然后随机问4～5个问题,测试时间约10分钟,结束后会组织应聘者试穿大韩航空全套制服。下午为正式面试,应聘者被分为若干个小组(以5人为一组),面试官有5位。进场后,面试官会要求应聘者进行自我介绍,然后随机提问应聘者。

③ 第三天:上午体检完后终试便结束了,应聘者可以安排下午回国。

温馨提示:

每一批次的面试流程会有一定差别,具体面试流程以当年官方要求为准。

(二)面试准备材料

(1) 身份证原件及复印件。

(2) 两份中英文简历(参照标准格式)。

(3) 两张彩色照片(为护照标准尺寸,分别贴到两份简历上);一张身着正装、正面站立的全身照,为彩色照片(9厘米×12厘米,用曲别针别在简历后面)。

(4) 毕业证书、学位证书原件及复印件。

(5) 英语等级考试证书原件及复印件。

(6) 签字笔。

(三)面试注意事项

总体而言,大韩航空的空乘岗位面试非常注重应聘者的形象,对应聘者皮肤状态的考核也很严格。应聘者的面试妆容应轻薄透亮,淡妆画法可参考韩式裸妆,但要注意彩妆的色调,挑选合适自己的彩妆色调能让应聘者显得更有活力和亲切感。应聘者可以登录大韩航空官网检索相关宣传照片和视频作为参考。大韩航空空乘人员多为韩式妆容，应聘者在打造面试妆容时，应遵循以下要求：底妆清透、白皙；少用腮红；眼线贴合内眼睑，不要太粗；眼影以大地色和粉色系为主；口红尽量选亮色、雾面，从而更显清雅气质。发型也是应聘者应重点关注的部分，大韩航空不允许空乘人员盘发有小碎发，建议应聘者在面试前清洗干净头发，盘发时多用发胶固定碎发，尽量让前额头发呈现一定的弧度（圆拱形）。在着装方面，女性应聘者应选择白色衬衣加黑色过膝裙（裙边长度至少到膝盖），这也是大韩航空在培训时的标准着装，可多备一件衬衣，若是不小心弄脏了衬衣可以及时更换。建议应聘者选择有丝绸质感的白衬衣，比千篇一律的纯棉衬衣更能衬出应聘者的气质，另外，裙子不要太宽松，应选择修身款。在高跟鞋方面，可以选鞋跟为5～7厘米的，大韩航空的女性空乘人员一般会备两款鞋：鞋跟为5厘米的登机鞋和鞋跟为7厘米的凉鞋，所以不要选跟太高、太细的鞋。

  大韩航空的空乘岗位面试并非像中东系航空公司及欧美系、大西洋系航空公司那样特别注重英语水平，而是更看重应聘者的形象，倾向于选择整体风格贴近韩国文化的中国人。应聘者在面试时，一定要将亲和力体现在每个细节上。应聘者的英语表达应流畅，发音清楚，内容简洁，此外，应积极利用肢体语言和眼神的辅助表达作用。建议应聘者在平时备考时可以结合高频考题，与家人或朋友搭档，进行英语口语交流练习，提前找到面试的状态。

  此外，应聘者应对韩国文化进行充分了解，这类题目一定会在面试中出现，如韩国美食、韩国旅行目的地、韩国知名品牌、韩国的文化影响力、中国与韩国之间的文化差异等。大韩航空空乘岗位招聘对航空有关的专业展示不是特别看重，因此，没有相关工作经验的应聘者要有信心，在面试过程中，无论遇到什么情况，都应该保持冷静、灵活应对，注意把控交流的节奏，给面试官留下积极向上、自信、得体的印象。需要注意的是，应聘者在整个面试过程中应保持微笑，注意仪态。

任务二　全　日　空

任务导入

  作为连续数年位列SKYTRAX全球航空公司排名前三名的航空公司，全日空航空公司无论是在服务品质方面，还是在飞行安全方面，都是亚洲数一数二的航空公司。全日空航空公司在广大空乘岗位应聘者心目中有着很高的地位，特别是喜爱日本文化的空乘岗位应聘者。那么，全日空航空公司空乘岗位的应聘要求是什么？空乘岗位面试中会考查日语吗？入职全日空航空公司之后，空乘人员主要飞往哪些目的地呢？这些空乘岗位应聘者所关心的问题，都会在本任务中得到解答。

一、全日空航空公司简介

全日空航空公司(简称全日空,ANA),又称"全日空输株式会社",成立于1952年,总部位于日本东京,IATA 代码为 NH。全日空的飞机、企业标识、空乘人员制服分别见图9-2-1、图9-2-2、图9-2-3。

图 9-2-1　全日空飞机

图 9-2-2　全日空企业标识

图 9-2-3　全日空空乘人员制服

全日空的枢纽机场包括东京成田国际机场、东京羽田国际机场、大阪关西国际机场、大阪伊丹国际机场。全日空的主要业务包括:定期航空运输业务;非定期航空运输业务;采购、销售、出租和保养飞机及飞机零件业务;航空运输地面支援业务。全日空在日本主要城市之间拥有全面的航线网络,其国际航线延伸到亚洲其他地区,以及北美、欧洲等。全日空航线网络优势在亚洲地区。

全日空以其专业的服务而闻名,致力于为商务旅行者提供最好的飞行服务。全日空在1996年成为极早为头等舱旅客提供180°可完全平放座位的航空公司之一。2002年,全日空在New Style CLUB ANA中引入"舒适的睡眠者"座椅,这是为长途飞行的高级商务舱和高级经济舱的旅客提供的全新座椅。2013年,英国SKYTRAX公司将全日空航空公司评选为五星级航空公司,全日空成为日本首家获得五星级认证的航空公司。全日空连续数年入围全球排名前十的航空公司,与卡塔尔航空、新加坡航空、阿联酋航空齐名。

全日空相关发展数据

二、全日空空乘岗位用人标准及素养要求[①]

全日空空乘岗位招聘的中国籍空乘人员主要执行中日往返航线,中国的目的地城市有北京、上海、沈阳、青岛、大连、厦门、成都、广州等,日本的目的地城市有东京、大阪、名古屋等,偶尔也会执行东南亚航线,如从日本至菲律宾的马尼拉。

全日空空乘岗位用人标准及素养要求包括:

(1)性别不限,年龄为20~30周岁,中国籍。

(2)具有大专及以上学历的各类毕业生(欢迎应届大专生、本科生、研究生等)。

(3)具有良好的英语水平(相当于中国大学英语四级以上水准),若会日语则更佳。

(4)身高在160厘米以上,矫正视力达到1.0,身体条件符合乘务工作要求。

(5)无文身,不戴牙齿矫正器。

(6)择优录用。被录用后,应聘者须提供个人护照。

三、全日空空乘岗位面试流程

应聘者首先需要在上海市对外劳务合作服务平台(https://laowu.sww.sh.gov.cn/)下载并填写报名表格,并录制一段1分钟左右的英语自我介绍的视频,将报名表格及视频附件投递至相应的招聘电子邮箱。

通过线上简历筛选的应聘者可以参加后续面试环节。全日空虽然是日本航空公司,但它在进行中国籍空乘人员面试时,采用英语考核的方式。如果应聘者的简历上有提及自己会日语,可能会被面试官用日语问一些问题,但是如果没有提到也没有任何影响。面试流程包括初试、复试、终试。全日空的面试均在中国进行,通过面试的应聘者将在上海和东京进行空乘人员初始培训。

---

① 全日空空乘岗位用人标准及素养要求主要参考2019年的相关公告。

温馨提示：

获得英语等级证书的应聘者，其简历更容易通过线上筛选。

（一）环节一：初试

在初试环节，应聘者会被分为若干个小组，一组大约12人，应聘者会围成一个圈就指定的话题进行回答，有5位面试官在现场进行观察、打分。

温馨提示：

①在小组讨论时，面试官们会全方位观察应聘者，包括其仪容仪表、谈吐、气质、人际沟通能力等，因此，应聘者除了准备讨论的题目，还应注意这些方面的表现。

②如果应聘者的日语表达并不流利，建议不要在面试环节急于展现自己的日语能力。

初试考题示例：

①If there was an afterlife, what animal would you want to be?
②If there was an afterlife, would you like to be male or female?
③Please introduce five kinds of Chinese special food.
④Please introduce your hometown.
⑤Please talk about your favourite place in Japan.

（二）环节二：复试

复试的形式是笔试加小组讨论。

❶ 笔试

（1）英语测试，包括：①听力题，涉及图片题、近义句题、对话题、短文题。②词汇题，共10道。每道题都会给出一个单词，要求答题者在给出的四个选项中选出与这个单词意思相近的选项。③阅读题，共7篇文章，难度是递进的。

（2）数学测试，包含5道应用题，为中文试卷，题目如"旅客买了一支口红、一个手表，给了你200美元，你要找给旅客多少日元"（题干会列出货品的单价和外币换算汇率）等。

温馨提示：

在复试的笔试环节，应聘者需要根据录音的指示完成英语测试，因此，英语测试的每个部分是有时间限制的。另外，英语测试并没有给应聘者预留多余的时间填涂答题卡,因此,应聘者应合理安排填涂答题卡的时间,注意对考试时间的把控。

❷ 小组讨论

每组7~8个人,每个考场有3位日本籍面试官,面试官会先进行自我介绍,然后要求应聘者站成一排,依次进行自我介绍。介绍完后大家围坐在一个会议桌的桌边,就面试官给定的问题进行讨论。面试官会给每位应聘者发放两张纸和两支铅笔,便于应聘者在讨论中做记录,讨论大概持续20分钟,最后由小组推荐一个人做总结。

温馨提示:

① 在小组讨论环节,面试官会站在不同的位置观察每位应聘者的表现,因此,应聘者应注意表情管理,尽量全程保持微笑。

② 在参与小组讨论的时候,应聘者一定要抓住机会适当发言,不要一言不发,也不要抢话或自顾自地说很长时间。

③ 在面试结束后,应聘者要记得把椅子推回原处,与面试官礼貌道别。

小组讨论话题示例:

① If you were on a desert island and there were five things you could bring, what would you choose and why?

② If you were given one million yuan to develop a small village, list the three most important things, and give reasons.

③ Plan a birthday party for an old man about 70 years old.

(三) 环节三:终试

终试环节包括自我介绍和问答。在问答环节,一位应聘者所面对的面试官大概有7位,面试官会问到各种各样的问题,如面试动机、个人特点、工作经历等。有时,面试官会要求应聘者阅读全日空的广播词,然后进行翻译。有时,面试官会要求应聘者围绕给定描述进行情景模拟。

温馨提示:

进入终试的应聘者应提前准备好常见考题的回答,做到胸有成竹,在终试过程中,要体现出自己的真诚,注意与面试官的眼神交流,全程保持微笑。

终试环节考题示例：

(1) What do you know about ANA Airline?

(2) Why do you want to join ANA Airline?

(3) Why do you want to be a cabin crew member?

(4) What advantages do you think you have that will help you to be a cabin crew member?

(5) What do you think of the working atmosphere of ANA Airline?

(6) Have you been in contact with Japanese people before?

(7) What do you think that you should pay attention to when you work with Japanese people?

(8) What would you do if there was a child on the plane who didn't listen to you?

(9) Being a cabin crew member requires good physical strength, how is your health?

(10) Describe a challenging thing that you met recently.

(11) Have you take the flight before, what do you think of the cabin service?

(12) How do you deal with criticism?

(13) Tell us about your experience solving customer problems.

(14) If you fail this time, what kind of work will you do?

(15) If you met a Japanese guest who wanted to travel to Shanghai, where would you suggest him go?

想一想

日韩系航空公司在用人要求上与中国航空公司有什么不同？如果不会日语或韩语，需要提升哪些方面的能力才可以在面试中脱颖而出？

任务演练

1. 根据航空公司的要求准备一段英文版的自我介绍，有日语或者韩语表达能力的，可以准备日文版的或韩文版的自我介绍。

2. 了解中国、日本、韩国这三个国家的文化差异，了解相关航空公司的企业文化及用人要求。

3. 根据每个航空公司的要求，准备至少10道面试时可能需要回答的英语考题。

项目小结

本项目主要介绍了日韩系的代表性航空公司——韩国大韩航空公司以及全日空航空公司的企业文化、发展历程,以及相关空乘岗位的招聘要求、面试流程及注意事项,相信读者在学习完本项目的内容后,可以详细地了解日韩系航空公司与其他航空公司在空乘岗位招聘方面的差异,能够更有针对性地准备面试的内容。

项目十 　欧美系、大西洋系航空公司空乘岗位面试详解

 项目目标

- 知识目标

    （1）了解欧美系、大西洋系航空公司的基本概况。

    （2）了解欧美系、大西洋系航空公司空乘岗位的用人标准和素养要求。

    （3）熟悉欧美系、大西洋系航空公司空乘岗位的面试流程。

- 能力目标

    （1）能够根据自身情况，确定适合自己的欧美系、大西洋系航空公司。

    （2）能辨析欧美系、大西洋系航空公司空乘岗位面试环节作答的有效性。

    （3）能根据欧美系、大西洋系航空公司空乘岗位的面试流程，撰写出高频考题的应答内容。

- 素质目标

    （1）了解中外文化，积极促进中外文化交流传播。

    （2）培养作为空乘人员所应具备的多元文化适应能力。

    （3）正确认识欧美系、大西洋系航空公司的空乘岗位职责，培养吃苦耐劳的品质，敢于挑战自我。

知识框架

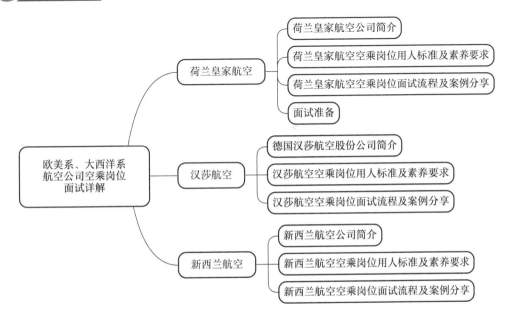

项目引入

伴随全球航空业的复苏，欧洲系、大洋洲系航空公司陆续恢复在中国籍空乘人员的招聘工作。中国与欧盟以及大洋洲国家，在经济、政治、旅游、农业、贸易等方面合作紧密，无论在民航货物运输方面，还是在旅客运输方面，其发展都呈现上涨趋势。全球航空市场的扩展和中国旅客数量的增长，使得欧洲区域和大洋洲区域各大航空公司对中国籍空乘人员的需求也不断增长。荷兰皇家航空、汉莎航空和新西兰航空是欧洲系和大洋洲系民用航空公司的典范，吸引了众多空乘岗位应聘者。优厚的薪资待遇、人性化管理、广泛分布全球的航线网络、多元化的培训和职业晋升通道、航空公司的悠久发展历史和卓越的行业品牌声誉等，都是这些航空公司吸引大量有着丰富工作经验的应聘者的因素。

尽管欧洲系、大洋洲系航空公司对中国籍空乘人员的需求呈现上涨趋势，这些航空公司的空乘人员招聘选拔标准仍较为严格。那么，应聘者在准备面试的过程中，应该如何把握机会，充分展现自己的优势与能力素养？欧洲系、大洋洲系航空公司选拔空乘人员的标准有哪些？这些航空公司的面试具体流程是什么？这些航空公司对空乘人员综合能力的偏好涉及哪些方面？让我们一同在本项目的学习中探寻答案。

任务一　荷兰皇家航空

任务导入

荷兰皇家航空公司总部位于有着"郁金香国度"和"风车王国"美誉的荷兰阿姆斯特丹。荷兰皇家航空公司拥有百年悠久历史，至今仍以其原名运营。荷兰皇家航空公司自1919年成立以来，秉持继承传统和不断创新的精神，一直致力于向旅客提供高质量的服务，向雇员提供一个能激发工作积极性的稳定工作环境，在全球享有盛誉。如何在众多应聘者中脱颖而出，获得在充满艺术气息的城市的载旗航空公司工作的机会？应聘荷兰皇家航空公司空乘岗位需要符合哪些具体要求？应聘者是否需要掌握荷兰语？让我们一同在本任务的学习中探寻答案。

一、荷兰皇家航空公司简介

荷兰皇家航空公司（简称荷兰皇家航空），外文名为"KLM Royal Dutch Airlines"，IATA代码为KL，以"皇家航空公司"自称，成立于1919年，总部位于荷兰阿姆斯特丹，为天合联盟成员，是一家历史悠久的国际航空公司，同时也是全球航空业的先驱。荷兰皇家航空的首个航班于1920年从伦敦飞往阿姆斯特丹，标志着其悠久的飞行历史。荷兰皇家航空的枢纽机场为阿姆斯特丹史基浦机场。阿姆斯特丹作为荷兰皇家航空总部基地，凭借优越的地理位置、便利的交通及现代化的设备设施，被多次评为"欧洲最佳机场"和"全球最佳机场"。荷兰皇家航空还是国际航空运输协会(IATA)的成员,在国际货运量和飞行里程方面位居全球航空公司前列。荷兰皇家航空的飞机、企业标识、空乘人员制服分别见图 10-1-1、图 10-1-2、图 10-1-3。

图 10-1-1　荷兰皇家航空飞机

图 10-1-2　荷兰皇家航空企业标识

图 10-1-3　荷兰皇家航空空乘人员制服

荷兰皇家航空的历史可以追溯到 1920 年,当年首次开辟了跨越大西洋的洲际航线。即使在第二次世界大战期间,荷兰皇家航空也没有中断过飞往英国的航班。在第二次世界大战后,荷兰皇家航空积极恢复其在亚洲国家和美国的航线,成为国际航空领域的重要参与者。

荷兰皇家航空公司主要经营业务包括：定期客运航班，提供广泛的国际和国内航班，连接世界各地的目的地，满足旅客的旅行需求；货运运输，参与国际货运运输，运送各类货物和邮件。荷兰皇家航空还是天合联盟的一员，一直积极与其他航空公司合作，为旅客提供更多的目的地和服务选择。

荷兰皇家航空以其独特的文化和价值观在全球航空业中脱颖而出，该企业的核心价值观包括：热情（Passionate）、关怀（Caring）、创新（Innovative）和责任（Responsible）。荷兰皇家航空的企业文化强调为客户服务，通过创造难忘的客户体验，增强用户黏性，从而实现旅客消费体验的可持续性。荷兰皇家航空的首要宗旨是通过不断改进飞行体验，确保旅客的安全和舒适，使旅客在旅程中充分感受到航空公司的关怀。荷兰皇家航空还承担了可持续发展责任和环境保护责任，采取了多项积极的措施，用以降低碳排放并积极支持可再生能源的发展，这些努力旨在减少对环境的不良影响，将自身塑造为可持续航空业的领导者。

荷兰皇家航空追求卓越，始终秉持提供高质量服务的理念。荷兰皇家航空认识到长途旅行对于旅客的重要性，因而在客舱设计方面精益求精，既为旅客提供了舒适、宽敞的休息空间，精心设计符合人体工程学的客舱座椅，还提供个人视听荧幕、世界各地的杂志和美味的餐饮服务，满足旅客多方面的需求。此外，荷兰皇家航空的空乘团队能灵活使用多种语言，为旅客提供体贴入微的服务。

荷兰皇家航空
相关发展数据

二、荷兰皇家航空空乘岗位用人标准及素养要求[①]

以下是荷兰皇家航空在北京FASCO官网公布的空乘岗位招聘具体要求：

（1）21周岁及以上。

（2）身高158～190厘米。

（3）大专以上学历。

（4）流利的英语口语表达能力。

（5）良好的客户服务意识、沟通表达能力和团队合作精神。

（6）在无辅助情况下能够连续游泳50米，且在游泳过程中不暂停、脚不触及池底。

（7）在过去5年中有连续3年及以上的航空业工作经验。

（8）在过去3年中，每两段航空业工作经验之间的间隔不超过4个月。

（9）在参与荷兰皇家航空面试及办理入职期间必须保持在职状态。

（10）持有中国任意机场的机场通行证，或任意航空公司的空乘人员证，或航空公司机场雇员证，或其他相类似的民航业证件。

---

① 参考荷兰皇家航空2019年9月发布的北京站中国籍空乘人员招聘信息。

温馨提示：

荷兰皇家航空中国籍空乘人员应聘条件中有对近3~5年工作经历的具体要求，应聘者务必先根据自己实际情况对应聘条件进行评估，再投递简历，务必保证提供的所有资料信息的真实性。

三、荷兰皇家航空空乘岗位面试流程及案例分享

欧洲系、大洋系航空公司受企业发展战略、企业品牌文化和地域文化的影响，在空乘人员应聘要求(如第三种语言能力要求等)及岗位面试流程和要求(如妆容要求等)等方面，与中东地区和亚洲地区的航空公司存在差异。除去基础的外在硬性要求，欧洲系、大洋系航空公司会结合企业的发展需求，与应聘者进行双向选择。欧洲系、大洋系航空公司空乘岗位面试的面试官更加多元，其对面试环节的内容也进行了一定增删，旨在让应聘者更全面地展示自己的特色及综合能力，从而聘请到最符合其企业文化与发展理念的空乘人员。

(一) 面试流程

荷兰皇家航空的面试流程包括初试、复试、终试。

❶ 环节一：初试

在初试环节，应聘者在现场排队提交资料后，根据现场安排依次进行单人面试，每位应聘者分配一位面试官，面试时间为5~10分钟，初试结果会在初试当晚公布。

❷ 环节二：复试

在复试环节，应聘者会被分为若干个小组，每组4~5人。面试官由来自荷兰皇家航空的荷兰籍面试官和来自北京FASCO的中国籍面试官组成。面试官与单个应聘者进行问答，面试时间为30~40分钟。在所有应聘者面试结束后，即刻公布复试结果，现场通过复试的应聘者将直接进行终试。

❸ 环节三：终试

终试环节的考核内容分为两部分：第一部分为两位面试官对一位应聘者的单人面试，面试时长为30~40分钟；第二部分为游泳能力测试，将在现场指定的区域进行，测试要求为在无辅助条件下完成50米游泳，对于时间没有硬性要求。

温馨提示：

①在游泳测试方面，应聘者应仔细聆听面试官对游泳测试的具体要求，对于不清楚的部分要及时提问和确认。

②很多应聘者会在等待面试的过程中受到环境的干扰，产生紧张的情绪。例如，应聘者可能会遇到拥有丰富行业工作经验的应聘者，或遇到其他会影响情绪的突发情况，这时，应聘者可以通过做一些能够舒缓情绪的动作，尽快调整好心态。

(二)面试案例分享

荷兰皇家航空会结合招聘的基地、公司的战略发展需求,对往年的空乘岗位面试流程和内容进行一定的调整,因此,应聘者在准备荷兰皇家航空的面试时,可以将往年成功通过面试的应聘者的经验作为参考。

荷兰皇家航空中国籍空乘人员的招聘流程主要由初试、复试和终试三个部分组成。

❶ 初试

初试当天,应聘者需要排队提交中英文简历和学历证书等材料,需要注意的是,当天排队递交材料的顺序将作为后续面试的顺序,此外,在递交材料的过程中,工作人员会对应聘者进行身高、摸高测量,并对数据进行记录,应聘者的身高应符合荷兰皇家航空空乘岗位的应聘要求(158~190厘米)。

提交完材料后,将由北京FASCO面试官与应聘者进行一对一的面试提问。在这一环节中,面试官会让应聘者进行自我介绍,之后围绕应聘者的基本信息与工作经历进行沟通交流。常见问题包括:"现在就职于哪家航空公司?""为何想来参加此次荷兰皇家航空空乘岗位的招聘?""为什么想就职于荷兰皇家航空?"

荷兰皇家航空主要根据线上简历筛选情况及空乘岗位招聘人数的需求安排初试时长,通常为1~3天。

温馨提示:

①整个面试过程为全英文面试,即使面试官为中国籍,应聘者也要避免因为紧张,直接与其进行中文交流。

②虽然在招聘条件中并无相关英语考试等级及测试分数的要求,但在面试环节的交流过程中,应聘者应具备良好的英语听说能力,能够用英语准确表达观点。

③虽然在招聘条件中并无对于英语发音为英式或美式的要求,但在面试环节的交流过程中,应聘者应注意避免出现明显的中式英语发音,这一点也是求职外国航空公司的中国籍空乘人员在英语口语方面应达到的最基本的要求。

❷ 复试

在复试环节,由4~5位面试官依次对进入考场的应聘者进行提问,每组应聘者的人数为4~5人。通常情况下,荷兰皇家航空会根据应聘者的人数,安排2~3天的复试。复试环节结束当天,会由北京FASCO公布进入终试的应聘者的名单。

❸ 终试

终试环节由面试和游泳测试两部分内容组成。

终试环节,由1位荷航荷兰籍面试官和1位来自北京FASCO的面试官,对1位应聘者进行20~40分钟单人面试提问。在该轮面试中,面试官主要围绕应聘者简历中的乘务工作经历或其他工作经历进行提问,关注工作经历中的细节,应聘者在面试前应做好充分的准备。

在面试提问环节结束后,北京FASCO的相关工作人员会安排应聘者在面试所在的酒店的泳池,进行无辅助50米游泳测试。通常情况下,复试和终试考核会在同一天完成,终试结果大概在1周之后公布。

温馨提示:
① 初试、复试和终试环节的面试官并不相同,因此,应聘者可能会遇到同一个问题在不同环节被反复提问的情况,这时应聘者不要感到诧异或在回答时表现出不耐烦。
② 终试环节,面试官会围绕应聘者的工作经历进行提问,应聘者在回答时应做到结合具体的事例描述相关内容,切忌凭空捏造。

四、面试准备

了解了航空公司的相关信息后,在投递简历前,我们需要更清晰地了解自己的优势与劣势,以及自身具有的行业竞争力。应聘者可以借助迈尔斯—布里格斯类型指标(Myers-Briggs Type Indicator,MBTI)测试,更深入地了解自己。

(一)活动内容

(1)完成MBTI测试,记录测试结果。
(2)对自己所属的人格类型进行解读,提炼自己的个人优势、劣势和性格特点关键词。
(3)依次罗列出自己的校园社团经历、竞赛经历、实习实践经历,并依据前面总结的"个人优势、劣势和性格特点关键词",对这些经历进行归类。
(4)以小组为单位,组员间分享自己归纳的"个人优势、劣势和性格特点关键词",进行讨论与互评。

(二)活动目的

该活动的目的是让应聘者更清晰、客观地描绘个人的优势、劣势和性格特点。

任务二 汉莎航空

任务导入

欧洲首家五星级航空公司——德国汉莎航空股份公司,总部位于德国科隆,空乘人员基地主要位于法兰克福和慕尼黑。与其他欧洲系、大洋系航空公司不同,德国汉莎航空股份公司的中国籍空乘人员的工作基地驻外。德国东邻波兰、捷克,南毗奥地利、瑞士,西界荷兰、比利时、卢森堡、法国,北接丹麦,濒临北海和波罗的海,位于欧洲的中心,拥有完善的铁路网络,是世界著名的高端制造业强国,社会保障制度完善,国民生活水平极高。德国人以理性务实、科学严谨与追求卓越的民族精神享誉全球。德国汉莎航空股份公司在中国招聘空乘人员的次数较少,因而应聘竞争较为激烈。那么,应聘者的哪些能力是德国汉莎航空股份公司尤为看重的呢?相信通过本任务的学习,读者能获得对这些疑问的解答。

一、德国汉莎航空股份公司简介[①]

德国汉莎航空股份公司(简称汉莎航空,Deutsche Lufthansa),相应的德语名称为"Deutsche Lufthansa AG",成立于1953年,是一家历史悠久的德国航空公司,是欧洲首家五星级航空公司,是星空联盟创始航空公司之一,IATA代码为LH。汉莎航空的飞机、企业标识、空乘人员制服分别见图10-2-1、图10-2-2、图10-2-3。

图10-2-1　汉莎航空飞机

扫码看彩图

图10-2-2　汉莎航空企业标识

扫码看彩图

图10-2-3　汉莎航空空乘人员制服

扫码看彩图

---

① 本部分内容涉及的图片来源于汉莎航空官网。

汉莎航空的核心业务是经营定期的国内及国际客运和货运航班。汉莎航空已发展成为全球航空业的领导者和成功的航空集团。汉莎航空拥有六大战略服务领域,包括客运、地勤、飞机维修(飞机维护、修理和大修)、航空餐食、旅游和IT服务。

汉莎航空的总部设于科隆,其客运和货运服务的经营中心位于法兰克福,其枢纽机场为法兰克福机场。汉莎航空空乘人员的主要基地为法兰克福和慕尼黑,飞行航线遍布全球450多个航空目的港。

质量和创新、安全和可靠是汉莎航空的特色。汉莎航空格外重视优质服务、机舱舒适度、旅客的飞行与出行体验,并对产品进行持续升级优化。

汉莎航空相关
发展数据

二、汉莎航空空乘岗位用人标准及素养要求[①]

汉莎航空对于中国籍空乘人员的招聘要求包括:

(1) 有服务意识,性格外向,对人友善。

(2) 抗压能力强,注重团队协作,注重仪容仪表。

(3) 为中国国籍,能说流利的普通话、英语。

(4) 若精通粤语或德语,则更好。

(5) 年满18岁,获得高中及以上学历。

(6) 身高为160~190厘米,身材匀称。

(7) 矫正视力为1.0。

(8) 制服外裸露部分无文身或穿孔。

(9) 护照有效期至少为2年,并且有4页空白。

(10) 会游泳且持续游泳的距离为25米以上。

(11) 参加入职培训时,须自备可连接Wi-Fi且能使用Flash的电脑。

(12) 入职后常驻德国慕尼黑或法兰克福基地。

三、汉莎航空空乘岗位面试流程及案例分享

(一) 面试流程

汉莎航空的面试流程包括初试和复试。

---

① 参考汉莎航空2019年10月发布的北京站中国籍空乘人员招聘信息。

初试环节为面试官与应聘者进行一对一的面试,考核内容分为两个部分:第一部分为即兴演讲,第二部分为现场问答。应聘者进入考场后,从面试官手中抽取2张卡片,对抽中的卡片进行2选1,卡片上的单词为应聘者即兴演讲的主题。即兴演讲结束后,面试官将对应聘者进行现场提问。

应聘者通过初试后,将进入复试环节。应聘者将被分为若干个小组,不同组进入不同的测试房间,面试官有3位,1位是来自汉莎航空的中国籍面试官,2位是来自汉莎航空的德国籍面试官。复试环节采用3位面试官面1位应聘者的形式,考核内容包括问答、角色扮演和抗压能力测试。

> **温馨提示:**
> ①应聘者应熟悉自己所提交的简历的内容,在问答环节充分展现个人优势,并能将相关工作经历作为自己观点的佐证。
> ②面试过程中,若应聘者遇到抗压能力测试问答,应在听清问题后冷静应答,避免给面试官留下未认真听问题的不好印象。

(二)面试案例分享

相较于其他外国航空公司,汉莎航空在中国的招聘有着招聘时间间隔长、招聘频率低的特点。以下主要介绍汉莎航空以往的面试案例,为准备参加汉莎航空面试的应聘者提供参考。

汉莎航空会组织通过第一轮网申的应聘者参加线下初试和复试。

1 初试

在线下初试当天,应聘者会前往指定面试地点取号、排队和递交资料,通过资料审核后,进入考场。初试环节采取3位面试官面1位应聘者的形式,内容包括即兴演讲与现场问答。在即兴演讲环节,面试官不仅会关注应聘者语言表述的流畅性,对其所表述的内容的立意也会十分在意。在此环节,面试官会对应聘者进行观察和记录,应聘者应调整好心态,不要被环境所影响,避免出现表述卡顿、中断的现象。现场问答环节的题目较为简单,面试官主要围绕应聘者的个人信息和求职意愿进行提问,如"是否去过德国"等。

2 复试

在线下复试环节,应聘者会被分为若干个小组并编号,每组成员按照顺序,依次进入考场进行单人面试,由3位面试官面1位应聘者。每天的面试按照既定组别的安排,分别在上午和下午进行,所有应聘者完成复试需2~4天。复试的内容涉及问答、角色扮演和抗压能力测试三个部分。

问答环节的常见考题包括:"为何想加入汉莎航空?""在之前的工作中,有没有与同事发生过争执(若有,请举例并展开描述)?"在参加复试前,应聘者应对以往工作业绩进行梳理，对自己的职业竞争力形成准确的认识，提炼出能概括自己的职业竞争力的词汇与工作实例，在作答时，尽量做到语言描述准确、全面、真实。

角色扮演环节，即客舱服务情景对话，具体情景由面试官现场设定，通常与客舱服务有关，如"在航班上，同事拒绝做任何巡舱检查和服务工作，并且在读私人读物，你该如何处理？"在角色扮演的过程中，会出现面试官追问或追加后续情景的情况，这主要体现了面试官对应聘者处理冲突事件的能力、思维逻辑和抗压能力等方面的考查。

抗压能力测试会伴随问答或角色扮演环节进行，面试官在考查应聘者作答内容的同时，还会对其行为举止和细微表情进行观察。

温馨提示：

① 在即兴演讲环节，应聘者的演讲内容应做到语句顺畅、主题鲜明、逻辑性强、结构完整。

② 建议应聘者不要因为自己没有太多工作经验，而去虚构工作经历。

③ 应聘者应对自己以往的工作经历进行梳理，客观地剖析自己工作能力的优势与劣势。

(三) 面试技巧之自我介绍撰写

在准备面试的过程中，自我介绍是应聘者应精心打磨的部分，有些应聘者会因准备不够充分，而在这方面出现高频失误。好的自我介绍，有助于应聘者在有限的时间内，给面试官留下深刻的印象。需要注意的是，现场自我介绍并不等同于将简历上的信息进行罗列汇报，这属于无效的自我介绍。有效的自我介绍往往能凸显应聘者的求职竞争力，是能够体现应聘者具备某项能力的"价值增量信息"。

❶ 活动练习技巧：自我介绍的"黄金三要素"

(1) 要素一：基本信息——学历、毕业学校的名称及专业的名称、知识储备、获得的荣誉等。

(2) 要素二：亮点经历——介绍自身的行业竞争优势，结合实际经历进行描述。

(3) 要素三：求职意愿——有效表达意愿，运用"自身优势＋诚意"的结构进行陈述。

❷ 活动内容

(1) 学生按照"黄金三要素"撰写自我介绍。

(2) 以小组为单位在组内进行互评，组员间互换已有版本的自我介绍，圈出有待改进的内容并给出修改建议。

(3) 教师选取学生撰写的具有代表性的优秀的自我介绍和有待改进的自我介绍，并进行讲解。

(4) 学生根据教师的讲解，对自己撰写的自我介绍进行修改。

(5) 教师结合学生的修改情况，进行综合点评。

3 活动目的

引导学生学习"黄金三要素"的相关内容,使学生具备使用"黄金三要素"撰写自我介绍的能力。

任务三 新西兰航空

任务导入

新西兰航空公司总部位于有着"帆船之都"美誉的奥克兰。新西兰航空公司中国籍空乘人员所执行的飞行航线为往返奥克兰与上海的固定航线,基地驻上海。新西兰航空公司的飞行密度和基地的地域优势,吸引了大量既热爱飞行又热爱新西兰国家文化的应聘者。接下来,让我们一起了解新西兰航空公司空乘岗位的招聘要求及面试流程。

一、新西兰航空公司简介

新西兰航空公司(简称新西兰航空,Air New Zealand)成立于1940年,总部位于奥克兰,是新西兰最大的航空公司,IATA代码为NZ。新西兰航空从20世纪70年代开始拓展国际航线,最初飞往澳大利亚的悉尼,之后逐渐扩展至欧洲、亚洲等。20世纪90年代,新西兰航空进行了品牌重塑,并采用了"Air New Zealand"这一名称,以更好地展现其国际性质。新西兰航空的飞机、企业标识、空乘人员制服分别见图10-3-1、图10-3-2、图10-3-3。

图10-3-1 新西兰航空飞机

扫码看彩图

图10-3-2 新西兰航空企业标识

扫码看彩图

图 10-3-3　新西兰航空空乘人员制服

在业务领域方面,新西兰航空提供广泛的国际航线服务,连接新西兰与澳大利亚、美国、加拿大、中国、日本等多个国家和地区。同时,新西兰航空在新西兰国内运营大量航班,连接新西兰北岛和南岛的各大城市,包括奥克兰、惠灵顿、基督城、皇后镇等。这些航线满足了新西兰国内旅客的需求,提供了便捷的飞行选择。此外,新西兰航空积极发展货运服务,利用航班运送各种货物,包括生鲜食品、医药品、电子产品等。新西兰航空的主要航空枢纽是奥克兰机场(Auckland Airport),位于新西兰北岛的奥克兰市。该机场是新西兰航空的主要操作中心,也是许多国际航班的起降地点。新西兰航空的重要国际航线包括从奥克兰飞往悉尼、墨尔本、布里斯班、东京、洛杉矶等城市的航班,这些航线为旅客提供了往返新西兰与其他国际目的地的便捷选择。作为太平洋地区的主要运营商,新西兰航空还开设了前往一些太平洋岛国和亚洲国家的航线,这些航线连接新西兰与斐济、汤加、萨摩亚、巴厘岛等度假胜地,以及中国、新加坡等亚洲国家的城市。

新西兰航空以其卓越的安全性能、出色的服务质量和对可持续发展的承诺而闻名。新西兰航空拥有现代化的飞机队伍、广泛的航线网络以及专业的机组和地勤团队,在国际航空市场上具有强大竞争力。不仅如此,新西兰航空还密切关注环境的可持续性发展,担当社会责任,积极推动新西兰航空业的发展。

新西兰航空一直致力于为旅客提供优质的旅行体验,以"Kia Ora"(类似于英语中的"Hello"或"Hi",不仅可以用来打招呼,还可以表达对于健康和平安的祝愿)为口号,传达友好、热情和关怀。新西兰航空的服务宗旨是成为旅客的首选航空公司,通过为旅客提供卓越的旅行体验来实现这一目标。新西兰航空的企业文化强调客户满意度和可持续性,尊重文化的多样性,鼓励员工发挥创造力。

新西兰航空是星空联盟(Star Alliance)的成员,该联盟汇集了多家航空公司,利用代码共享航班,便于旅客乘机、积累里程和享受各种优惠。星空联盟的成员之间有着广泛的合作,涵盖了全球范围的航点。例如:新西兰航空与澳大利亚航空建立了战略伙伴关系,两家航空公司合作提供澳大利亚与新西兰之间的航班,形成了一个重要的南太平洋航线网络,这为旅客往返两国提供了更多的航班选择;新西兰航空与美国联合航空(United Airlines)签订了合作协议,使得旅客可以在两国之间轻松转机,促进了美国与新西兰之间的商业往来和文化交流;新西兰航空与一些亚洲航空公司,如新加坡航空、中国国际航空等,建立了合作关系,通过代码共享促进了新西兰与亚洲地区之间的联系。此外,新西兰航空还与一些亚洲度假航空公司建立了合作关系,开设了前往斐济、巴厘岛、汤加等太平洋岛国的航班,满足了旅客的度假需求。新西兰航空的合作伙伴网络覆盖全球多个地区,通过代码共享和合作协议,为旅客提供了广泛的飞行选择,不仅提升了新西兰航空的全球影响力,也提升了国际航空旅行的便利性和灵活性。

新西兰航空相关发展数据

二、新西兰航空空乘岗位用人标准及素养要求[①]

新西兰航空上海基地的中国籍空乘人员的招聘要求包括:

(1) 为在中国生活和工作的居民,具备流利的中英文表达能力以及良好的中英文写作能力。

(2) 有相关工作经验的优先考虑,如在高档餐厅、四星级及五星级酒店、高端零售业、护理业,以及其他以客户为中心的行业工作的经验。

(3) 在教育背景方面,若为大学毕业,须有1年的客户服务经验;若为高中毕业,须有2年的客户服务经验。

(4) 女性应聘者的身高至少为160厘米;男性应聘者的身高至少为170厘米。

(5) 身体健康,能够通过体检评估测试。

(6) 能在无协助的条件下,于2分钟内游完50米,并踩水1分钟。

(7) 无年龄限制。

(8) 热心且喜欢与人沟通交流,能在压力下工作,并能冷静处理突发事故。

(9) 有医疗救护背景或相关工作经验的优先考虑。

(10) 能接受"24小时×7天"的行业作息,以及服从占用周末和公共假期进行轮流值班的工作制度。

三、新西兰航空空乘岗位面试流程及案例分享

(一)面试流程

新西兰航空空乘岗位面试包括线下初试、复试和终试。

在初试环节,应聘者以10人为一组进行面试,面试官会对每位应聘者进行提问。

---

① 参考新西兰航空2023年6月发布的上海站中国籍空乘人员招聘信息。

在复试环节,采用4位面试官考核1位应聘者的形式。面试官包含1位来自新西兰航空的中国籍面试官、1位来自新西兰航空的新西兰籍面试官、2位来自北京FASCO的面试官。复试环节每位应聘者的面试时长约30分钟。

较为复杂的是终试环节,由笔试、小组讨论、角色扮演和游泳测试组成。笔试环节的测试时间为45分钟,测试内容为28道涉及新西兰国家及新西兰航空知识的选择题和35道英语测试题(题型为情景问答题、阅读理解题和计算题)。小组讨论环节的人数主要根据现场实际人数进行安排,一般为每组为5~6人。在角色扮演环节,面试官会模拟客舱服务场景,扮演旅客与应聘者进行交流。游泳测试环节最后进行,要求应聘者在规定时间内,无辅助完成规定的距离,游泳姿势无具体要求。

温馨提示:
①在游泳测试前,应聘者应格外注意测试相关要求,包括游泳的距离、测试机会的次数、测试时间、测试中途是否可以暂停,以及是否可以使用脚蹬池壁进行助力等。
②应聘者应提前准备好游泳测试所需的泳衣、泳帽等个人物品。
③终试的笔试题目涉及新西兰国家及新西兰航空公司的相关知识,应聘者须提前熟悉涉及的知识,包括专有英语词汇的表达,以及新西兰文化和新西兰航空的发展信息等。

(二) 面试案例分享

新西兰航空的面试环节与荷兰皇家航空类似,由初试、复试和终试三个部分组成。

❶ 初试

在初试环节,应聘者以10人为一组进入考场,先进行自我介绍,之后面试官再依次对应聘者进行提问,提问为随机问答,问题较为简单。面试官由来自北京FASCO的面试官和来自新西兰航空的新西兰籍面试官组成。

❷ 复试

复试环节为4位新西兰籍面试官考核1位应聘者的形式,考核时间约30分钟。在复试环节,面试官主要围绕应聘者个人简历中呈现的信息、应聘者对新西兰这个国家的了解程度、应聘者对新西兰航空的了解、应聘者的个人能力与工作岗位的匹配度,对应聘者进行提问。这一环节与其他航空公司的终试环节类似。常见考题包括:"为何想成为一名空乘人员?""选择应聘新西兰航空的原因是什么?""是否了解新西兰?""是否了解新西兰航空?""你觉得新西兰航空招聘中国籍空乘人员的意义是什么?""新西兰航空与你之前就职的航空公司相比,有哪些不同?"

❸ 终试

终试环节由笔试、小组讨论、角色扮演和游泳能力测试四个部分构成,测试时长约45分钟。

(1)笔试。

笔试中常见选择题包括:"历史上第一个登陆新西兰的人是谁?""新西兰全黑队(新西兰的'国球'橄榄球的国家队)队服的颜色是什么?"应聘者应对这类问题做好充分准备。

(2)小组讨论。

小组讨论环节的时间组成为5分钟的个人思考时间,5分钟的小组讨论时间,约8分钟的小组发言时间。小组讨论的内容类似于"请为前来新西兰旅行的家庭设计一个出行方案""请为前来上海旅行的家庭设计一个出行方案""在飞机上物资有限的情况下,优先考虑将物资分发给哪些旅客"等。在小组讨论环节,应聘者应积极参与讨论,切忌不发言或与组员产生冲突。

(3)角色扮演。

在角色扮演环节,面试官可能会在互动过程中对应聘者不断施压,应聘者在作答时,应积极尝试解决遇到的问题。这一部分没有既定的答案,但应聘者在角色扮演环节中的表现会被面试官观察和记录。角色扮演题目如"在客舱中遇到喝醉酒的旅客,你将如何处理""遇到在客舱中吸烟的旅客,你将如何处理"等。

(4)游泳测试。

游泳测试在面试所在酒店的标准泳池中进行。游泳测试包含两项考核内容:一项是在规定的2分钟内,完成50米的无辅助游泳(保证脚不触及池底);另一项是完成至少1分钟的踩水动作,须保持手和头高于水面。游泳测试结果会在应聘者完成测试后当场公布。

温馨提示:
①新西兰航空的背景审查十分严格,应聘者务必保证所填信息的真实性。
②在终试环节,新西兰航空会在面试所在的酒店组织现场游泳测试,不会游泳的应聘者不要抱有侥幸心理。
③应聘者要提前了解笔试环节所涉及的知识,做好充分准备,特别是新西兰的相关生活知识。
④应聘者在作答时不仅要注意仪容仪表和体态,更要关注表述内容的逻辑性和条理性。
⑤预测在面试时处于生理期的女性应聘者,要提前做好准备,面试没有后续补测的机会。

(三)面试模拟练习之应答技巧

在欧洲系、大洋系航空公司空乘岗位的面试中,现场问答是主要的面试形式,贯穿初试、复试和终试三个环节。在作答时,准备不充分的应聘者常会出现答非所问、回答信息过于简单、面对没有准备的内容表现出不知所措的情况,有些应聘者在作答时还会遇到被面试官打断的情况。"STAR应答公式"便是能有效解决这类状况的应答技巧,应聘者可以在备考时结合该技巧进行模拟练习,以提升自己的应答能力。

1 应答技巧:"STAR 应答公式"

(1) S:Situation(情景)——在什么情况下,做了什么事情。

(2) T:Task(任务)——在具体处理事情的过程中,遇到了什么困难,具体任务及其要求是什么。

(3) A:Act(行动)——我负责什么内容,主导了什么,关键做了什么,是如何解决问题的。

(4) R:Result(结果)——最后呈现出什么效果,具体的数据支撑(被认可的支撑)。

2 模拟练习的内容

(1) 学生以小组为单位进行讨论,从航空公司面试官的角度构想一个面试题目。

(2) 每组推选一名学生作为该组的面试官,该面试官负责对其组员进行模拟面试,并录制视频。在模拟面试的过程中,该面试官需要围绕该组讨论得出的考题,对组员进行提问,并记录组员作答内容的信息点。

(3) 模拟面试结束后,面试官结合各个组员的作答情况进行打分,并给予点评。此外,组内成员还须完成自我评价和组员间的互评。

(4) 教师结合模拟视频及以上评价结果,对学生进行综合点评。

3 模拟练习的目的

引导学生学习"STAR应答公式",并能做到在实际问答环节中灵活使用。

想一想

若你是一名准备应聘荷兰皇家航空、汉莎航空和新西兰航空的大学应届毕业生,面对拥有丰富国内外航空公司飞行经验的成熟空乘人员、拥有海外留学及实习经历的应届归国毕业生、拥有3年以上在海外全球100强企业工作的经历的应聘者,你能从哪些方面提升自己的竞争优势,使自己在面试中脱颖而出?

任务演练

1. 请参照自己的MBTI测试结果,结合自己的校园活动经历、社会实践经历、专业竞赛或比赛经历、实习经历等,客观地评价自己。要求用3个英语单词描述自己,并结合以往经历展开描述。

2. 以下为航空公司空乘岗位复试与终试环节中的常见考题,请尝试作答。

(1) Could you tell me something about your work experience?

(2) What's the biggest challenge do you think you will face after you join us?

(3) Do you have any regret in your work, and what do you learn from it?

📋 项目小结

　　本项目主要论述了欧美系、大西洋系代表性航空公司的基本概况，以及各航空公司中国籍空乘人员的应聘要求、空乘岗位的面试流程及注意事项。相较于其他航空公司，欧美系、大西洋系航空公司空乘岗位的面试流程较为简单。相信通过本项目的学习，读者能对欧美系、大西洋系航空公司有更为直观的了解，能结合各航空公司空乘岗位面试的侧重点，有针对性地备考，并能更为客观和全面地认识、评价自己，制定出更适合自己的职业规划。

教学支持说明

高等职业学校"十四五"规划民航服务类系列教材系华中科技大学出版社"十四五"期间重点规划教材。

为了改善教学效果,提高教材的使用效率,满足高校授课教师的教学需求,本套教材备有与纸质教材配套的教学课件(PPT电子教案)和拓展资源(案例库、习题库等)。

为保证本教学课件及相关教学资料仅为教材使用者所用,我们将向使用本套教材的高校授课教师赠送教学课件或相关教学资料,烦请授课教师通过电话、邮件或加入民航专家俱乐部QQ群等方式与我们联系,获取"教学课件资源申请表"文档,准确填写后发给我们,我们的联系方式如下:

地址:湖北省武汉市东湖新技术开发区华工科技园华工园六路

邮编:430223

电话:027-81321911

传真:027-81321917

E-mail:lyzjjlb@163.com

民航专家俱乐部QQ群号:799420527

民航专家俱乐部QQ群二维码:

扫一扫二维码,加入群聊。

教学课件资源申请表

填表时间：_____年___月___日

1. 以下内容请教师按实际情况填写，★为必填项。
2. 学生根据个人情况如实填写，相关内容可以酌情调整提交。

★姓名		★性别	□男 □女	出生年月		★职务	
						★职称	□教授 □副教授 □讲师 □助教

★学校		★院/系	
★教研室		★专业	
★办公电话		家庭电话		★移动电话	
★E-mail（请填写清晰）			★QQ号/微信号	
★联系地址		★邮编	

★现在主授课程情况		学生人数	教材所属出版社	教材满意度
课程一				□满意 □一般 □不满意
课程二				□满意 □一般 □不满意
课程三				□满意 □一般 □不满意
其他				□满意 □一般 □不满意

教材出版信息						
方向一		□准备写	□写作中	□已成稿	□已出版待修订	□有讲义
方向二		□准备写	□写作中	□已成稿	□已出版待修订	□有讲义
方向三		□准备写	□写作中	□已成稿	□已出版待修订	□有讲义

请教师认真填写表格下列内容，提供索取课件配套教材的相关信息，我社将根据每位教师/学生填表信息的完整性、授课情况与索取课件的相关性，以及教材使用的情况赠送教材的配套课件及相关教学资源。

ISBN（书号）	书名	作者	索取课件简要说明	学生人数（如选作教材）
			□教学 □参考	
			□教学 □参考	

★您对与课件配套的纸质教材的意见和建议，希望提供哪些配套教学资源：